W0181029

„Mein Lieblingsplatz in Stockholm ist der Stortorg in Gamla Stan. Hier könnte ich stundenlang in einem Straßencafé sitzen."

Olaf Meinhardt ist Reisefotograf. Einer seiner Arbeitsschwerpunkte ist Russland. Doch auch Südschweden hat es ihm angetan, vor allem die einsamen Sandstrände von Gotska Sandö und der riesige Vänersee.

Der Journalist **Rasso Knoller** ist studierter Skandinavist und arbeitete viele Jahre als Korrespondent für deutsche Tageszeitungen und Radiostationen in Stockholm und Oslo. Er kennt Schweden deswegen auch abseits der Touristenrouten.

Liebe Leserinnen, liebe Leser!

Gerade sind wir an Kopenhagen vorbeigerauscht, dann durchfahren wir einen Tunnel und schon geht es auf der Öresundbrücke hinüber nach Schweden. Beim letzten Schweden-Urlaub waren wir noch per Fähre angereist, und das nördliche Land schien mir weit entfernt vom übrigen Europa. Diesmal ist es nur ein Katzensprung von Kopenhagen hinüber nach Malmö. Tatsächlich verschmelzen die beiden Städte allmählich zu einer gemeinsamen prosperierenden Metropole. Viele Menschen pendeln regelmäßig zwischen Dänemark und Schweden hin und her.

Dichte Wälder, klare Seen
Auch wenn die Anreise ganz unproblematisch geworden ist, nach dem Passieren des Öresunds stellt sich bei mir auch diesmal sofort der Eindruck ein: Schweden ist anders. Landschaftlich erinnert der äußerste Südzipfel des Landes zwar noch ein wenig an Mecklenburg-Vorpommern, doch geht hier alles viel entspannter, geruhsamer zu. Nördlich von Malmö verändert sich auch das Landschaftsbild, dichte endlos erscheinende Wälder, klare Seen und ab und an rote Holzhäuschen, hier ist Schweden so, wie man es sich vorstellt. Will man die Natur mit allen Sinnen aufnehmen, dann erkundet man das Land am besten zu Fuß. Die schönsten Wanderrouten hat Rasso Knoller für Sie getestet und stellt Sie Ihnen auf S. 30 f. vor. Entlang der Fernwanderwege gibt es überall Hütten, in denen man problemlos übernachten kann.

Versenkte Hütten und Baumhäuser
Apropos übernachten. Natürlich kann Stockholm mit einer großen Auswahl an guten Hotels aufwarten, und auf dem Land gibt es jede Menge tolle Ferienhäuschen. Aber es geht auch ausgefallener. In Stockholm beispielsweise „hinter schwedischen Gardinen" oder im Cockpit eines Jumbojets. Übernachtung samt Romantikdinner kostet in einem stillgelegten Silberbergwerk knapp 500 Euro. Klaustrophobie sollte man allerdings besser nicht haben! Gilt auch für alle, die sich auf Tauchstation begeben möchten und einmal unter Wasser schlafen wollen (s.S. 62 f).
Herzlich

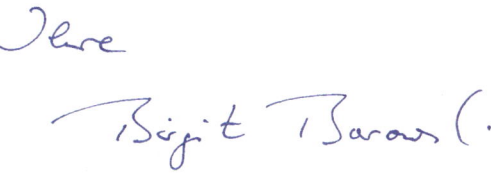

Birgit Borowski
Programmmleiterin DuMont Bildatlas

Impressionen

Der Süden

Ostsmåland, Gotland und Öland

Von Göteborg zum Vättersee

Stockholm und Umgebung

Anhang

Bohuslän und Dalsland

Der Nordosten

DuMont Aktiv

Genießen   Erleben   Erfahren

Topziele

Die bedeutendsten Sehenswürdigkeiten Südschwedens und Erlebnisse, die Sie auf keinen Fall versäumen sollten, haben wir auf dieser Seite für Sie zusammengestellt. Auf den Infoseiten ist das jeweilige Highlight als TOPZIEL *gekennzeichnet.*

NATUR

1 **Stora Amundön:** Nur 30 Minuten von Göteborg entfernt, liegt diese herrliche, unter Naturschutz stehende Insel. **Seite 66**

2 **Kinnekulle am Vänersee:** Von dem 306 Meter hohen Tafelberg genießt man weite Blicke über Schwedens größten See, den Vänern. **Seite 82**

3 **Ekoparken:** Der weltweit erste innerstädtische Nationalpark liegt in Stockholm. **Seite 114**

ERLEBEN

4 **Insel Ven:** Die flache, autofreie Insel begeistert nicht nur Radfahrer. **Seite 35**

5 **Gamla Stan:** Mit Schloss und Stortorg ist Stockholms Altstadt ein touristischer Hotspot. **Seite 113**

KULTUR

6 **Ales stenar:** Mit einer Länge von 67 × 19 Metern ist die wikingerzeitliche Steinanlage die größte Schiffssetzung Nordeuropas. **Seite 34**

7 **Visby, Gotlands Hauptstadt:** Die von der mittelalterlichen Stadtmauer eingerahmte Altstadt zählt zum Weltkulturerbe. **Seite 52**

8 **Felsritzungen von Tanum:** Die rätselhaften Werke aus der Bronzezeit lagen ursprünglich am Meer. **Seite 81**

9 **Schloss Gripsholm:** Kurt Tucholsky hat das Schloss nahe Mariefred bekannt gemacht. Heute befindet sich hier die größte Porträtsammlung Nordeuropas. **Seite 97**

10 **Schloss Drottningholm:** Seit 1982 wohnt die königliche Familie in diesem Schloss bei Stockholm. **Seite 114**

11 **Dom von Uppsala:** Er erinnert an die Zeit, als die Stadt zu den wichtigsten Metropolen des Nordens gehörte. Viele schwedische Könige wurden hier gekrönt. **Seite 115**

Eine Hauptstadt
zwischen Meer und See

Der Mälaren auf der einen und die Ostsee auf der anderen Seite nehmen Stockholm in eine sanfte Umarmung. Auf vierzehn Inseln hat man die Stadt erbaut, und deswegen ist es nirgends weit zum Wasser. Trotzdem können die Stockholmer nicht genug bekommen von der Ostsee – besonders im Sommer drängt es sie hinaus in die Inselwelt der Schären.

Frisches aus dem Schwedenreich

Hackfleischbällchen und Wurst mit Kartoffelbrei galten lange als die Delikatessen der schwedischen Küche. Heute zählen die schwedischen Köche zu den besten der Welt. Voraussetzung für schmackhafte Speisen sind frische Nahrungsmittel – und die bekommt man, wie hier im Stockholmer Stadtteil Östermalm, an den Ständen der Markthalle.

Lange Tage auf Gotland

Der schwedische Sommer hat seinen besonderen Charme. Im Norden des Landes, jenseits des
Polarkreises, geht dann die Sonne überhaupt
nicht mehr unter, aber selbst im Süden lösen sich
Sonnenunter- und -aufgang in schneller Folge
ab. Die unterschiedlichen Rotschattierungen von
Abend- und Morgenrot zaubern ein magisches
Licht an den Himmel. Wer das Schauspiel der
Sonne vor einer Kulisse wie dem „Rauk Hunden"
auf Gotland erlebt, ist dem Reiz des Nordens end-
gültig verfallen.

Das Schloss der Liebenden

Kurt Tucholsky hat Schloss Gripsholm in seiner
gleichnamigen Novelle ein literarisches Denkmal
gesetzt. Eine Deutsche zog tatsächlich ins königliche Schloss in Stockholm ein: Silvia Sommerlath
heiratete 1976 den schwedischen König Carl
Gustaf und erobert seitdem als „Drottning Silvia"
die Herzen ihrer schwedischen Untertanen.

Ein Platz an der Küste

. . . .

3218 Kilometer, so haben Statistiker errechnet, ist die schwedische Küste lang. Da findet jeder sein ruhiges Plätzchen am Meer. Besonders die Badeorte in Westschweden wie zum Beispiel Smögen (Foto) sind bei den Touristen als Urlaubsziele beliebt. Da wiederum kann es in der Sommersaison schon mal eng zugehen. Doch die Hochsaison dauert nur von Mitte Juni bis Anfang August, und danach hat man selbst in den gefragtesten Urlaubsorten die Strände nahezu für sich allein.

Zeitreise quer durch Schweden

．．．

Die Zeit scheint stehen geblieben zu sein, auf
dem Götakanal. Entschleunigung ist garantiert,
wenn es auf einem von drei verbliebenen historischen Dampfschiffen quer durch Schweden geht.
Im Schritttempo schippern die Reisenden die
1832 eröffneten Wasserstraße entlang, unterwegs
ziehen wogende Felder, grüne Wälder und blühende Apfelbäume vorbei. Und ein ums andere
Mal dürfen sie dem Schauspiel beiwohnen, wenn
der Kapitän in Millimeterarbeit durch eine der
58 Schleusen manövriert.

Die spannendsten Wikingerfunde

Das Erbe der Nordmänner

Schweden ist das Land der Wikinger. Vom 8. bis zum 11. Jahrhundert versetzten die Vorfahren der heutigen Skandinavier halb Europa in Angst und Schrecken. Sie waren aber nicht nur wilde Krieger, sondern auch fähige Handwerker, kundige Seeleute, talentierte Künstler und fleißige Bauern. Wir verraten Ihnen, wo Sie in Südschweden die spannendsten Relikte aus der Wikingerzeit finden.

① Trelleborgen

Bei Trelleborg im äußersten Süden Schwedens wurde um 980 unter der Herrschaft des dänischen Königs Harald Blauzahn die Wikingerburg Trelleborgen erbaut. Doch bereits 20 Jahre später gab man die mehrmals von Wenden heimgesuchte Gegend wieder auf und überließ die Burg dem Zahn der Zeit. Als die südschwedische Küste im 13. Jahrhundert erneut befestigt wurde, entstand das heutige Trelleborg über den Resten der Burg, die in Vergessenheit geriet bis man sie bei Ausgrabungen 1988 am höchsten Punkt der Stadt wiederentdeckte. Teile der Anlage wurden rekonstruiert und können heute ganzjährig kostenlos besichtigt werden – die Gebäude sind nur im Sommer (tgl. 10.00–16.00 Uhr) und gegen Eintritt zugänglich. Große Teile der alten Burg, die einen Durchmesser von 143m hatte, liegen unter den umliegenden Straßen und Häusern verborgen und konnten dementsprechend nicht wiederhergestellt werden. Ein kleines Museum am Eingang rundet den Besuch ab.

Trelleborgen
Västra Vallgatan 6
23164 Trelleborg
Tel. 0410 73 30 21
www.trelleborg.se

② Ales stenar

Schwedens bekannteste Schiffssetzung liegt malerisch an der Steilküste. Aus 59 riesigen Felsen haben die Wikinger in der Nähe von Ystad ein Denkmal in Form eines Schiffs errichtet. Warum? Vielleicht handelt es sich um eine Art Grabmal, 100-prozentig sicher sind sich die Wissenschaftler aber nicht (s. auch DuMont Special, S. 29). Besucher finden das kolossale Monument oberhalb der Ortschaft Kåseberga.

③ Foteviken

In dem Freilichtmuseum begibt man sich auf eine Zeitreise zurück in die Wikingerzeit. Hier kann man nicht nur durch ein nachgebautes Wikingerdorf spazieren, sondern auch Waffenschmieden und Bootsbauern dabei zuschauen, wie sie nach alten traditionellen Methoden ihrem Handwerk nachgehen.

Foteviken, Museivägen 27
23691 Höllviken
Tel. 040 33 08 00
www.foteviken.se

④ Birka

Birka, auf der Insel Björkö im Mälarsee gelegen, war einst ein Handelszentrum der Wikinger und zwischen dem 8. und 11. Jahrhundert die wichtigste Stadt Nordeuropas. Heute erinnert ein Museum an diese Blütezeit, und die Nachbauten von Häusern und Booten vermitteln dem Besucher ein wenig Wikinger-Flair. 1993 wurde Birka in die UNESCO-Liste der Weltkulturerbes aufgenommen. Ausflugsschiffe verkehren in der Hochsaison täglich von Stockholm, Hovgården, Härjarö, Rastaholm und Mariefred nach Birka.

5 Gotlands Fornsal

Das Landesmuseum in Gotlands Hauptstadt Visby bietet Interessantes aus allen Epochen der Inselgeschichte. Besonders beeindruckend ist aber der große Schatz aus der Wikingerzeit, der aus mehr als 700 Fundstücken aus Gold und Silber besteht. Auch die zahlreichen Runensteine, die in einem eigenen Saal ausgestellt werden, gehen auf die Wikinger zurück.

Gotlands Fornsal
Strandgatan 14
62156 Visby
Tel. 0498 29 27 00
www.gotlandsmuseum.se

6 Wikingersammlung im Historischen Museum

Wer es wirklich genau wissen will, der sollte sich in der Wikingerabteilung des Historischen Museums in Stockholm umsehen. 4000 Ausstellungsstücke, viele aus der alten Wikingerstadt Birka, und detailreiche Erklärungen sorgen dafür, dass jeder Besucher das Museum als ein echter „Wikingerexperte" verlässt. Besonders spektakulär sind die Schatzfunde, die im „Goldzimmer" ausgestellt werden.

Historiska museet,
Narvavägen 13–17
11484 Stockholm
Tel. 08 51 95 56 00
http://historiska.se

7 Das Äskekärrskepp

Das Äskekärrschiff, das nach seinem Fundort am Götaälv benannt ist, war bis vor Kurzem das einzige erhaltene Schiff aus der Wikingerzeit, das man in Schweden gefunden hat. Die Überreste des 16 Meter langen Handelsschiffs, das wohl um das Jahr 930 erbaut wurde, sind im Stadtmuseum von Göteborg ausgestellt.

Stadsmuseum Göteborg
Norra Hamngatan 12
41114 Göteborg
Tel. 031 3 68 36 00
http://goteborgsstads
museum.se/

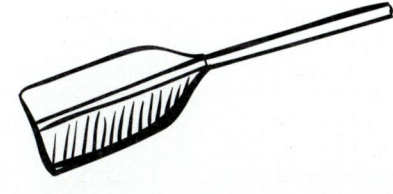

Das andere Schweden

Im Süden eines Landes scheinen die Menschen einen besonderen Stolz auf ihre Heimat zu entwickeln, ein paar Eigenheiten mehr als anderswo und eine Sprache, die nicht für jedermann auf Anhieb verständlich ist. Das ist auch in Schweden so. Gleichzeitig liegt genau hier Schwedens Tor zum Festland: Die mächtige Brücke über den Öresund verbindet seit dem Jahr 2000 Schweden und Dänemark und lässt die Stadt Malmö und Kopenhagen zu einer prosperierenden Region verschmelzen.

Die längste Schrägseilbrücke der Welt überspannt auf 7,5 km Länge den Öresund und verbindet Schweden mit Dänemark.

Der um 1100 erbaute, romanische Dom von Lund ist Schwedens bedeutendste Kirche.

Spektakulär wohnen und arbeiten: Über dem Werftviertel von Malmö erhebt sich der 190 Meter hohe „Turning Torso", ein Werk des spanischen Architekten Santiago Calatrava.

Das Hotel-Restaurant Schloss Svaneholm unweit von Malmö bietet heute den passenden Rahmen für Festlichkeiten aller Art. Der Kern der auf einer Insel erbauten Anlage geht auf die Zeit um 1530 zurück.

Blick ins Technik- und Seefahrtsmuseum: Malmö war lange Zeit
eine der größten Industriestädte von Schweden.

Erst seit 1658 gehört
Malmö zu Schweden.
Heute erneuert die
Öresundbrücke
die Verbindung
zu Dänemark.

Die Brücke über den Öresund, die seit dem Jahr 2000 Schweden und Dänemark verbindet, hat viel verändert in der Region. Mit Wegfall der umständlichen Schiffspassagen sind Malmö und Kopenhagen zu einer Metropole zusammengewachsen, in der mehr als 3,8 Millionen Menschen leben. In „Malmhagen" oder „Kopenmö" leben damit ebenso viel Menschen wie in Berlin und rund viermal mehr als in Stockholm, der größten Stadt von Skandinavien. Jetzt holen sich die Menschen das Beste aus beiden Städten. Zum Arbeiten und um sich ins Nachtleben zu stürzen, fahren viele Schweden nach Kopenhagen. Dort kann man deutlich mehr verdienen und auch das Kulturangebot ist in der dänischen Hauptstadt besser. Umgekehrt wohnen viele Dänen in Malmö oder kommen zum Einkaufen hierher, da die Mieten und das Preisniveau in Schweden niedriger ausfallen.

Abschied von der Provinz

Vermutlich liegt es auch an der Brücke, dass Malmö großstädtischer geworden ist. Aus dem Provinznest, das immer im Schatten von Stockholm und Göteborg stand, ist jetzt eine kleine Metropole geworden. Da darf man den Turning Torso, das verdrehte Hochhaus, das der spanische Stararchitekt Santiago Calatrava

in den Himmel Schonens hat wachsen lassen, durchaus als Zeichen eines neuen Selbstbewusstseins interpretieren.

Die „Bayern Schwedens"

Schonen, die südlichste Provinz Schwedens, gehörte lange Zeit zu Dänemark und hat zum Rest des Landes ein ähnliches Verhältnis wie Bayern zu Deutschland. Man ist irgendwie dabei, aber trotzdem stolz darauf, ein wenig anders zu sein. Mit der Sprache verhält es sich ähnlich. Die ist zwar Schwedisch, aber wenn ein Skåning, wie die Menschen hier heißen, loslegt, ist das für die übrigen Schweden schwer zu verstehen. Je nach Blickwinkel wird Schonisch wegen der politischen Zugehörigkeit als südschwedischer oder aufgrund der Geschichte und der vielen sprachlichen Gemeinsamkeiten als ostdänischer Dialekt bezeichnet. Die Experten der Vereinten Nationen haben Schonisch indes auf die offizielle Liste der vom Aussterben bedrohten Sprachen gesetzt. Wer in Schonen unterwegs ist, merkt davon aber nichts – mit Hochschwedisch ist man hier nach wie vor noch auf (fast) verlorenem Posten.

Nils Holgerssons Reich

Der berühmteste Skåning ist auch der Kleinste: Nils Holgersson ist auf einem kleinen Bauernhof in Schonen auf die

Der viereckige Festungsturm Kärnan, um 1400 erbaut, ist das Wahrzeichen der Stadt Helsingborg.
Seit 1903 führt eine Freitreppe vom Stortorg hinauf in die Anlage.

Ein Besuch in der Fischräucherei
in Kåseberga

Radfahren auf
der Insel Ven

Leuchtend rot hebt sich Landskrona Slott von der Umgebung ab.
Um die gesamte, 1549 errichtete Zitadelle zieht sich ein Wassergraben.

Die Radfahrer, die in Schonen unterwegs sind, haben Zeit – und die Skåniger auch. Eile ist ihre Devise nicht.

Welt gekommen. Natürlich nur auf dem Papier, denn der winzige Jüngling ist 1906 der Feder von Literaturnobelpreisträgerin Selma Lagerlöf (1858–1940) entsprungen, bevor er sich auf dem Rücken von fliegenden Gänsen auf den Weg in den Norden des Landes gemacht hat. Ursprünglich als Schulbuch konzipiert, wurde „Die wunderbare Reise des kleinen Nils Holgersson mit den Wildgänsen" zu einem der erfolgreichsten Kinderbücher aller Zeiten.

Unterwegs mit dem Rad

Die Heimat von Nils Holgersson eignet sich ideal zum Radfahren. Auf den Nebenstraßen Schonens begegnet man nur selten Autos, Hügel oder gar Berge gibt es ebenfalls keine. Topfeben ist es deswegen aber noch lange nicht. Mit einem Fahrrad ohne Gangschaltung kommt man schneller ins Schwitzen als einem lieb ist. Denn Straßen werden hier nicht mit dem Lineal gezogen, sondern verlaufen so, wie es die Natur und die Grundstücksgrenzen zulassen. Sie mäandern wie ein Flusslauf durch die Landschaft, machen scheinbar unlogische Biegungen und führen ein paar Hundert Meter in die Richtung zurück, aus der sie gekommen sind. So, als hätten sie etwas vergessen. Die Radfahrer, die hier unterwegs sind, haben Zeit – und die Skåniger auch. Eile ist ihre Devise nicht.

Die Zeit zwischen 800 und 1050 gilt als Epoche der schwedischen Wikinger. Wie sie lebten, erfahren Sie im rekonstruierten Wikingerdorf „Foteviken" auf der Halbinsel Skanör. Wer den Fernwanderweg „Skaneleden" geht, kommt an diesem Platz am Meer vorbei.

Holzhäuschen in den Farben von Himmel und Meer auf Skanör. Diese Halbinsel erstreckt sich zwischen Malmö und Trelleborg und ragt weit in den Öresund hinein.

Ales stenar – die Steine von Ale

Schiffssetzung der Wikinger

Die Verbindung der Wikinger zu Schiffen und Meer reicht über den Tod hinaus.

Über 1000 Jahre ist es her, dass die Wikinger an der südschwedischen Küste bei Ystad ein Monument aus 59 Steinen errichteten, platziert in Form eines 67 mal 19 Meter großen Schiffes.
Jeder Stein wiegt zwischen 0,5 und 1,8 Tonnen. Die meisten kamen zwar aus der unmittelbaren Umgebung, einige aber wurden aus 20 bis 30 Kilometer Entfernung herangeschleppt. Man nimmt an, dass die Wikinger dazu den Winter nutzten und die Steinkolosse übers Eis hierher zogen. Wissenschaftler vermuten, dass es sich bei den Steinmonumenten um Denkmäler handelt, die Verstorbene ehren sollen.

Heute sind die Ales stenar die meistbesuchte Sehenswürdigkeit im Süden Schwedens. 600 000 Menschen zieht es jährlich hierher, um diesen eindrucksvollen Platz zu bestaunen.

Typisch für Schonen sind die weiten Kornfelder, die roten und gelben Holzhäuschen, umgeben von Gärten, sowie die Wälder und Wiesen, auf denen hier vor allem Pferde weiden. Und die gibt es zuhauf, jeder zweite Bauernhof bietet Reiterferien an.

An der Küste sieht es ähnlich aus wie in Mecklenburg-Vorpommern. Hier wie dort sind die Strände lang und sandig, die Küsten flach und der Wind stetig. Nur mehr Platz hat man in Schonen: Auch im Hochsommer liegt man hier nicht sardinendicht nebeneinander.

Mord auf dem Papier
Von Trelleborg bis Ystad reiht sich eine Bucht an die andere. Doch Achtung: An den Stränden der Südküste Schwedens wird immer wieder mal eine Leiche angeschwemmt – wenn auch nur in den Krimis von Henning Mankell. Seine Romane sind inzwischen weltberühmt. Und sie spielen fast alle hier im Süden Schwedens, genauer: im Hafenstädtchen Ystad. Der kleine Ort hat von den Wallander-Krimis auch touristisch profitiert. Inzwischen pilgern die Fans des ewig mürrischen Kommissars zu Tausenden in die Stadt, um sich die Tatorte anzusehen. Auch wenn die nur fiktiv sind: Rein statistisch gesehen wird nur ein Mal in sieben Jahren in Ystad gemordet.

Die schönsten Wanderrouten

Querfeldein durch Südschweden

Für Wanderer ist Schweden das ideale Urlaubsland. Selbst im Süden leben verhältnismäßig wenige Menschen, entsprechend schnell kommt man hinaus in die Natur. Die Infrastruktur und Ausschilderung der Wege ist perfekt, fast überall findet man im Abstand einer Tageswanderung Hütten. Außerdem erlaubt das schwedische Jedermannsrecht das Zelten entlang der Routen.

1 Skåneleden

Der Skåneleden führt auf über 1000 Kilometern kreuz und quer durch Schonen, die südlichste Provinz Schwedens. Eingeteilt ist er in über 80 unterschiedlich lange Tagesetappen, die wiederum in fünf größeren, bis zu 283 Kilometer langen Abschnitten zusammengefasst sind. Orangefarbene Markierungen weisen zuverlässig den Weg. Auf der langen Strecke passiert er nahezu jede landschaftliche Sehenswürdigkeit der Region. Wer nicht monatelang durch Schonen wandern will, kann natürlich auch Teilstrecken gehen und dabei seine Lieblingsgegenden besuchen (Beispiel: DuMont Aktiv, S. 35).

www.skaneleden.se

2 Pilgrimsleden

Der Pilgerweg (Pilgrimsleden) führt in der Provinz Dalsland über 51 Kilometer von Mellerud am Vänersee bis nach Edelskog. Der Pfad ist durchaus anspruchsvoll – drei Tage sollte man für die Strecke allemal einplanen. Wanderer haben somit auch genug Zeit, die Naturschönheiten entlang des Pilgerwegs zu genießen: einsame Seen, der Dalslandkanal und die sanfte Erhebung des Kroppefjäll.

3 Roslagsleden

Von Danderyd, einem nördlich gelegenen Stadtteil Stockholms, führt der Roslagsleden an Norrtälje vorbei auf 190 Kilometer Länge bis nach Grisslehamn. Die Strecke bringt den Wanderer zwar hinaus in die Natur, durch Wälder, zu Seen und Badestellen am Meer, trotzdem passiert man immer wieder malerische Dörfer und kleine Städtchen. Daher ist die Wanderung auch für Anfänger zu schaffen – denn selbst wer die gesamte Strecke bewältigt, braucht kein großes Gepäck mit sich führen.

4 Europäischer Fernwanderweg E6

Was wie der Name einer Autobahn daherkommt, ist die Bezeichnung eines Fernwanderwegs, der Europa von Nord nach Süd durchzieht und von Turku in Finnland bis an die Dardanellen in der Türkei führt. Schwedischen Boden betritt er in Grisslehamn, wo die Route von der anderen Seite der Ostsee kommend fortgesetzt wird. In Schweden führt er dann über 1400 Kilometer zur Hauptstadt Stockholm und durch die Provinzen Sörmland, Östergötland, Halland und Skåne bis nach Malmö, um dann über die Öresundbrücke nach Dänemark überzusetzen. Der E6 ist also die perfekte Route für alle, die ausreichend Zeit haben und die in diesem Band beschriebenen Regionen zu Fuß kennenlernen wollen.

5 John Bauer-leden

Der nach dem schwedischen Maler John Bauer benannte Wanderpfad führt auf 46 Kilometern Länge von Huskvarna nach Gränna. John Bauer ließ sich bei Spaziergängen hier in der Region zu seinen Bildern inspirieren, die oft Trolle und Prinzessinnen zeigen. Vielfältig und widersprüchlich wie seine Motive ist auch die Landschaft, durch die der Weg verläuft – so führt er durch die dunklen Wälder entlang des Vättersees, aber auch hinauf zu lichten Aussichtspunkten, zu grünen Wiesen und Weiden. Der Pfad ist zwar technisch einfach, fordert aber, da er in stetem Auf und Ab dahingeht, doch einige Kondition.

6 Utvandrar-leden

Der Auswandererweg (Utvandrarleden) ist ein 110 Kilometer langer Rundweg, der in der Provinz Småland u. a. Emmaboda, Lessebo und Tingsryd miteinander verbindet. Er führt zu Orten, die der schwedische Autor Vilhelm Moberg (1898–1973) in seinem weltberühmten Roman „Die Auswanderer" beschrieben hat. Doch keine Angst: Auch wer das Buch nicht kennt, wird die Strecke über Waldwege und Pfade genießen. Immer wieder führt die Route zu Aussichtspunkten hinauf und an Seen vorbei, in denen sich erschöpfte Wanderer erfrischen können.

www.utvandrarleden.se

Schonen und Blekinge

Im Süden Schwedens warten lange Sandstrände auf den Touristen. Das Land ist flach, die roten und gelben Schwedenhäuschen leuchten in der Sommersonne. Malmö ist mit der dänischen Hauptstadt Kopenhagen dank der Öresundbrücke zu einer spannenden Metropolregion verschmolzen.

① Malmö

Malmö ist mit 312 000 Einwohnern die drittgrößte Stadt Schwedens. Die im Jahr 2000 eröffnete Öresundbrücke verbindet den Ort mit Dänemarks Hauptstadt Kopenhagen.

SEHENSWERT

Der **Stortorg** (dt.: großer Platz) liegt im Zentrum Malmös. In seiner Mitte erhebt sich das Denkmal von König Karl X. Gustav, der Malmö und Schonen 1658 von Dänemark eroberte. Auf der Ostseite des Platzes befindet sich das **Rathaus** von 1546 (Außenfassade aus dem 19. Jh.), auf der Nordseite ist das Residenzgebäude einen Blick wert, am südöstlichen Ende des Platzes lohnt ein Besuch der 2005 renovierten und im gotischen Stil eingerichteten **Löwenapotheke** (Apoteket Lejonet). Die gotische **Kirche St. Petri** (erbaut Anf. des 14. Jhs., Krämarkapelle von 1520 mit Wand- und Deckenmalereien) ist das älteste Gebäude der Stadt. Am Lilla torg mit seinen Freiluftrestaurants befindet sich auch der Eingang zur Markthalle. Etwas außerhalb des Zentrums ragt der **Turning Torso** in den schwedischen Himmel. Das nach einem Entwurf des spanischen Stararchitekten Santiago Calatrava erbaute, „in sich verdrehte" Hochhaus ist mit seinen 190 Metern das höchste Gebäude Schwedens und gleichzeitig das zweithöchste Wohnhaus Euro-

Mittelalterliche und frühneuzeitliche Baukunst: Marienkirche in Ystad mit Barockaltar und die Fassade des Rathauses von Malmö

pas. In Malmö bietet sich eine **Sightseeingtour zu Wasser** an. Die Fahrt führt am Rande des Zentrums entlang.

MUSEEN

Die **Festung Malmöhus**, deren älteste Teile auf König Erich von Pommern (1412–1439) zurückgehen, ist das größte Renaissanceschloss des Nordens. Heute sind hier das Kunstmuseum, das Naturkundliche Museum und eine ethnologische Abteilung untergebracht (Malmöhusvägen 6, www.malmo.se/museer, tgl. 10.00–17.00 Uhr). Gegenüber liegt das **Museum für Technik und Seefahrt** (gleiche Öffnungszeiten). Interessant: ein U-Boot von 1942, das einen Eindruck von der klaustrophobischen Situation einer U-Boot-Besatzung vermittelt.

HOTEL

Das Hotel € € € / € € € € **Gässlingen** (Rådhustorget 6, Skanör, Tel. 040 45 91 00, www.hotel-gasslingen.com) bietet zehn Gehminuten vom Strand ein gemütliches Ambiente.

RESTAURANT

Im € € **Rådhuskällaren** (Stortorget 2, Tel. 040 7 90 20) steht im Februar und März das Nobelpreisdinner des Vorjahres auf der Karte.

UMGEBUNG

Auf der Halbinsel **Skanör/Falsterbo** (32 km südl.) liegen einige der schönsten Badestrände Südschwedens. Hier lädt auch das **Freilichtmuseum Foteviken** (Mai Di.–Fr. 10.00 bis 16.00 Uhr, 1. Juni- u. 1.Sept. Hälfte Mo.–Fr., Mitte Juni–Aug. tgl., www.foteviken.se) zu einer Reise in die Wikingerzeit ein. In **Trelleborg** (33 km südl.) legen die Fähren aus Rostock, Sassnitz und Travemünde an. In **Smygehuk**, dem südlichsten Punkt Schwedens, befinden sich heute in einem ehemaligen Leuchtturm eine Jugendherberge und ein Café.

INFORMATION

Malmö turistbyrå, Skeppsbron 2, 21120 Malmö, Tel. 040 34 12 00, www.malmo.se/turist

② Ystad

Kommissar Wallander hat Ystad (18 300 Einw.) berühmt gemacht. In dem Städtchen spielen die meisten Kriminalromane Henning Mankells.

SEHENSWERT

Ystad ist wegen seiner vielen gut erhaltenen **Fachwerkhäuser** bekannt. Um die 300 gibt es davon in der Stadt. Besonders schön sind das Änglahus (16. Jh.) und das Brahehus (15. Jh.), beide in der Stora Norregatan, sowie das Pil-

Tipp

Essen an Bord

Auf der 20-minütigen Fährüberfahrt zwischen dem dänischen Helsingør und Helsingborg kann man ganz bequem zu Mittag oder Abend essen. Die Schiffrestaurants bieten sehr gutes Essen. Und wollen Sie dies in aller Ruhe genießen, fahren Sie einfach so lange hin und her, wie Sie wollen. Egal wie oft man den Sund zwischen Helsingør und Helsingborg überquert, bezahlt werden muss nur für eine Überfahrt.

INFORMATION

www.scandlines.dk

Tipp

Um den Öresund

Mit dem „Öresund rundt"-Ticket kann man zwei Tage lang für 249 SEK nahezu alle Züge in der Region am Öresund sowie die Fähre zwischen Helsingør und Helsingborg benutzen. Darüber hinaus gewährt das Ticket Rabatte für das Kunstmuseum Louisiana und die Bordrestaurants der Scandlines-Schiffe.

www.skanetrafiken.se

---

grändshus (1480) in der Stora Östergatan. Am Stortorg sind das **Alte Rathaus** und die **Marienkirche** (13. Jh., Umbauten 15./16. Jh.) sehenswert, hier auch die Barockkanzel (17. Jh.) und der Altaraufsatz (18. Jh.). Das Filmmuseum **Cineteket** bietet Hintergrundinfos zu den Wallanderfilmen. Hier starten Führungen durch die Studios (Elis Nilssons väg 7, Tel. 0411 57 70 57, Mo.–Do. u. Sa. 10.00–16.00 Uhr).

ERLEBEN
Viele Fans des mürrischen Kommissars Kurt Wallander pilgern an den Ort des mörderischen Geschehens. Im Touristenbüro erhält man die kostenlose Broschüre **„Auf den Spuren von Kurt Wallander"** (PDF-Download: ystad.se) und kann Führungen buchen.

HOTEL
Das Hotel € € € **Anno 1793 Sekelgården** (Långgatan 18, Tel. 0411 7 39 00, www.sekelgarden.se) ist in einem Handelshof von 1793 untergebracht. Das Hotel spielt auch in einigen Büchern Henning Mankells eine Rolle.

UMGEBUNG
In **Kåseberga** (18 km südöstl.) stehen die grandiosen **Ales stenar** TOPZIEL (s. Special, S. 29) aus der Wikingerzeit. Direkt am Hafen von Kåseberga befindet sich eine beliebte Fischräucherei. Schloss Svaneholm bei **Skurup** (23 km westl.), 1530 erbaut, beherbergt heute ein nobles Restaurant (Tel. 0411 4 50 40, www.svaneholm.se) und ein Museum (Juni bis Aug. Di.–So. 11.00–16.00, Mai. u. Sept. Do.–So. 11.00–16.00, April Sa. u. So. 11.00–16.00 Uhr).

INFORMATION
Ystads Turistbyrå, St. Knuts torg, 27142 Ystad, Tel. 0411 57 76 81, www.ystad.se

❸ Simrishamn

Der Fischerort (6500 Einw.) an der Ostküste Skånes lockt Touristen mit engen Gassen und bunten Fachwerkhäusern an. In der Umgebung des Ortes liegen sehr schöne Badestrände.

SEHENSWERT
In der gemütlichen Altstadt lohnt ein kurzer Abstecher ins **Österlensmuseum** (Storgatan 24, Di.–Fr. 11.00–17.00, Sa. 10.00–14.00 Uhr), ein Heimatmuseum mit Informationen zur Geschichte und Kultur der Region.

UMGEBUNG
Sehenswert im **Nationalpark Stenshuvud** (15 km nördl.) ist die bis zu 100 m hohe Steilküste. Die **Burg Glimmingehus** (13 km südwestl.) wurde 1499 erbaut und ist der älteste unverändert erhaltene Profanbau Schwedens. Er wurde durch ein ausgeklügeltes Verteidigungssystem geschützt und nie erobert.

INFORMATION
Simrishamns turistbyrå, Marint centrum, Varvsgatan 2, 27280 Simrishamn, Tel. 0414 81 98, www.simrishamn.se

❹ Karlskrona

Als Schweden im 17. Jh. Weltmacht war, war Karlskrona der Hauptstützpunkt seiner Flotte. Teile der Stadt (35 000 Einw.) und der Marinehafen gehören zum UNESCO-Weltkulturerbe.

SEHENSWERT
Der **Stortorg** gehört zu den schönsten Plätzen Schwedens. In seiner Mitte steht die Statue des Stadtgründers Karl XI., umrahmt wird sie von der 1802 vollendeten runden Dreifaltigkeitskirche mit ihrer mächtigen Kuppel, der barocken **Frederikskyrka** (1744) und dem **Rathaus** (18. Jh.). Die **Admiralitätskirche** (1685) ist die größte Holzkirche Schwedens. Auf den Besuch des spektakulären **Marinemuseums** (Stumholmen, www.marinmuseum.se/de, Jan.–April u. Okt.–Dez. Di.–So. 10.00–16.00, Mai. u. Sept. tgl. 10.00–16.00, Juni–Aug. bis 18.00 Uhr) sollte niemand verzichten, der sich für Seefahrt interessiert. Das 140 m lange, moderne Hauptgebäude steht teilweise auf Pfählen im Wasser. Ein Unterwassertunnel mit Fenstern führt über den Grund der Ostsee. Die Sammlung von Galionsfiguren ist die größte ihrer Art in Nordeuropa. In einer eigens dafür errichteten Ausstellungshalle kann man zwei U-Boote besichtigen.

INFORMATION
Karlskrona turistbyrå, Stortorget 2, 37134 Karlskrona, Tel. 0455 30 34 90, www.visitkarlskrona.se

❺ Helsingborg

In den letzten Jahren hat Helsingborg (97 000 Einw.) sein Gesicht verändert. Aus einer drögen Industriestadt ist ein pulsierendes Kulturzentrum am Öresund geworden.

SEHENSWERT
Das neugotische **Rathaus** (1897) entstand in einer Epoche, in der die Stadt nach Zeiten des Niedergangs wieder voller Optimismus war. Entsprechend prunkvoll ist der Bau ausgefallen. Der Turm ragt stolze 65 m in die Höhe. In der gotischen **Maria kyrka** (frühes 14. Jh.) zieht eine wuchtige Renaissancekanzel die Aufmerk-samkeit der Besucher auf sich. Jüngste Sehenswürdigkeit ist das 2002 erbaute **Dunkers Kulturhus** (Kungsgatan 11, www.dunkerskultur hus.se), ein Konzert- und Kulturzentrum, das nach dem größten Mäzen der Stadt, einem Gummifabrikanten, benannt ist. Oberhalb der Stadt liegt **Kärnan**, ein 34 m hoher Backsteinturm mit Museum, der seit mehr als 600 Jahren die Stadt überragt. Von der Dachplattform bietet sich ein weiter Blick auf Stadt und Sund.

MUSEUM
Knapp 3 km außerhalb des Stadtzentrums liegt das Freilichtmuseum und Kulturzentrum **Fredriksdal**, dessen Mittelpunkt das 1787 erbaute klassizistische Herrschaftshaus Fredriksdals Herregård bildet. Die Parkanlage lädt zu langen Spaziergängen ein (Hävertgatan, www.fredriks dal.se, Okt.–März 11.00–16.00, April, Mai u. Sept. 10.00–16.00, Juni–Aug. 10.00–18.00 Uhr).

RESTAURANT
Seit 1938 empfängt auf der Kullahalbinsel das Kaffeehaus € **Flickorna Lundgren**, zu dem ein herrlicher Garten gehört, Gäste (Skäretvägen 19, Skäret, Tel. 042 34 60 44).

UMGEBUNG
Sofiero Slott (erbaut 1865) kennt man vor allem wegen seines großen Parks in dem 10 000 Rhododendronsträucher wachsen (Blüte im Mai u. Juni). Nördlich von Helsingborg ragt die Landspitze **Kullaberg** wie ein Zeigefinger ins Meer. Am äußersten Ende steht Nordeuropas höchstgelegener Leuchtturm (78,5 m NHN).

Portal der Universitätsbibliothek von Lund; Dunkers Kulturhus in Helsingborg

INFORMATION
Helsingborg turistbyrå,
25189 Helsingborg, Kungsgatan 11,
Tel. 042 10 43 50, www.helsingborg.se

❻ Landskrona

Die Stadt (30 500 Einw.) hat sich mit ihrem Um-
weltengagement international einen Namen
gemacht. Für Touristen ist sie vor allem als
Sprungbrett zur Insel Ven wichtig.

SEHENSWERT
Besuchenswert sind die 1549 von König Christian III. erbaute **Zitadelle**, die **Sofia-Alberti-
na-Kirche** aus dem 18. Jh. und das **Haijiska
Huset** (Kungsgatan 13), in dem die Schriftstellerin Selma Lagerlöf 1885 bis 1891 wohnte.

UMGEBUNG
Ein Ausflug zur autofreien **Insel Ven TOPZIEL**
gehört zum Schönsten, was Südschweden zu
bieten hat. Gut ausgebaute Wege und eine ab-
wechslungsreiche, flache Landschaft machen
Ven zum Fahrradparadies. Die wichtigste Sehenswürdigkeit ist das Tycho Brahe Museum
(www.tychobrahe.com, Mai, Juni, Sept. tgl.
10.00–16.00, Juli, Aug. 10.00–18.00 Uhr). Von
der Sitzbank an der Friedhofsmauer der St.
Ibb-Kirche geht der Blick hinaus aufs Meer.

INFORMATION
Landskrona turistbyrå, Skeppsbron 2 (am
Fährableger nach Ven), 26135 Landskrona,
Tel. 0418 47 30 00, www.landskrona.se

❼ Lund

Lunds 1666 gegründete Universität ist die
zweitälteste im Land. Mehr als ein Drittel der
gut 80 000 Einwohner sind Studenten.

SEHENSWERT
Der romanische **Dom** (Mo.–Fr. 10.00–18.00, Sa.
9.30–17.00, So. 9.30–18.00 Uhr) ist eine der bedeutendsten Kirchen Schwedens. Allerdings ist
vom Bau von 1145 nur noch die Krypta erhalten. Der Rest wurde bei einem Brand 1234
schwer beschädigt. Sehenswert sind das Ein-
gangsportal, das 24 biblische Motive zeigt, und
die berühmte Astrologische Uhr **Horologium
mirabile Lundense** von 1380 (sie „spielt"
Mo.–Sa. 12.00 u. 15.00, So. 13.00 u. 15.00 Uhr).
Die Uhr ist heute in großen Teilen eine Rekonstruktion aus dem Jahre 1923.

MUSEUM
Das Museum **Kulturen** (Tegnérplatsen, www.
kulturen.com, Mai–Aug. 10.00–17.00, Sept. bis
April Di.–So. 12.00–16.00 Uhr) ist Freilichtmuseum mit fast 40 Gebäuden und zeigt kultur-
historische Sammlungen aus aller Welt.

INFORMATION
Lund turistbyrå,
22100 Lund, Botulfsgatan 1a,
Tel. 046 35 50 40, www.visitlund.se

Genießen   Erleben   Erfahren

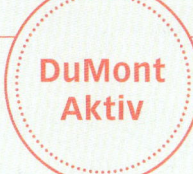

DuMont
Aktiv

Zu Fuß durch Schweden

Der Skåneleden führt über 86 Etappen und rund 1100 Kilometer kreuz und quer durch Schwedens südlichste Provinz. Wer will, kann
wochenlang unterwegs sein; aber auch Tagesetappen sind jederzeit möglich.

Eine besonders schöne Etappe führt immer an der Ostsee entlang
von Rydebäck nach Landskrona. Die leichte Tour, die meist an der Steilküste
entlang verläuft, bietet herrliche Ausblicke auf Meer und Insel Ven und folgt
gut ausgeschildert dem Meeresufer. Die kleinen Teiche, die man gleich zu
Anfang passiert, sind alte, mit Wasser vollgelaufene Lehmgruben:
Überreste von Ziegeleien, die noch bis ins 19.
Jahrhundert in Betrieb waren. Auch stößt man
entlang der Küste oft auf historische Verteidi-
gungsanlagen – ob nun Erdwälle aus der Zeit des
Großen Nordischen Krieges (1700–1721) oder auch
Bunker aus dem Zweiten Weltkrieg.

Bis in die Steinzeit geht das
Ganggrab bei Örenäs zurück. Wagemutige
Besucher können hineinkriechen. In Åla-
bodarna steht das Geburtshaus des schwedischen Dichters Gabriel Jönsson
(1892–1984). Eine kleine Pause bietet sich am Hafen des Fischerörtchens an.
Über dem Ort erhebt sich Schloss Örenäs. Das 1918 erbaute Herrschaftshaus
beherbergt heute ein Hotel.

Zwei-Länder-Blick: Ein kurzer Abstecher führt zur Hügellandschaft
Glumslöv Backar. Obwohl es nur wenige Meter nach oben geht, ist die Aussicht vom „Gipfel" beeindruckend. Der Blick schweift über gut 30 Kirchen
und sieben Städte in Schweden und Dänemark, angefangen von Kopenhagen
im Süden bis Helsingør im Norden.

*Rund 40 Kilometer nördlich von
Rydebäck führt der Skåneleden
über die Halbinsel Kullerberg.*

Weitere Informationen

Route
Start Rydebäck, Ziel Landskrona
ca. 13 km (Teil des Trail Nr. 5, Öresundtrail)

Anreise
Ausgangs- und Endpunkt der Wanderung sind
leicht mit Bus und Bahn zu erreichen.

Internet
Routenmarkierung, Kartenmaterial, Karten-
download, Wissenwertes über die Sehenswürdigkeiten vor Ort:
www.skaneleden.se (engl.)
Tel. 072 2 07 15 27

Hotel Örenäs Slott
Ålabodsvägen 193
26163 Glumslöv
Tel. 0418 45 11 00
www.orenasslott.com

Windmühlen und Schafe

Öland und Gotland sind die Sommerinseln der Schweden. Wer hierher kommt, ist in Urlaubsstimmung und träumt vielleicht sogar davon, hier zu leben. Außerhalb der Saison haben die Inseln aber mit Arbeitslosigkeit und Bevölkerungsschwund zu kämpfen. Sie gehören zu den ärmsten Regionen des Landes. Am Festland spielt Glas eine wichtige Rolle: Småland ist Teil des berühmten schwedischen „Glasreichs".

Bei Gettlinge auf Öland sind gleich zwei typische Sehenswürdigkeiten zu bestaunen: eine Schiffssetzung und eine Windmühle.

Köstliche Tropfen aus regionalem Anbau (oben links): Seit dem Jahr 2000 wachsen sogar auf Gotland im Gute Vingård Rebstöcke; Inselhauptstadt Visby: Die berühmte Stadtmauer bietet die perfekte Kulisse für das Mittelalterfest (oben rechts); Blick in den Dom (unten links); Ausklang des Tages auf dem Stortorg (unten rechts).

Gotland, Schwedens größte Insel, ist die Insel der Schafe. 57 000 Menschen leben hier, aber auch mehr als 65 000 Schafe. So ist denn auch auf der Flagge der Insel ein Widder zu sehen, das Wappentier Gotlands. Schon seit Jahrhunderten hat die Schafzucht eine besondere Stellung in der gotländischen Landwirtschaft inne. Deswegen gehört es auch zu jedem Gotlandurlaub, Lammsmäcka zu probieren. Eigentlich sind das nichts anderes als Frikadellen aus Lammfleisch. Den Unterschied machen jedoch die Gewürze aus, die man ihnen beifügt. Rezepte für dieses Gericht werden in gotländischen Familien von Generation zu Generation weitergegeben. Kajp steht aber fast immer auf der Zutatenliste; der auf Gotland wachsende

Nirgends in Schweden scheint so lange die Sonne und nirgends ist es so warm wie auf Gotland.

Wildlauch war die Leibspeise der Wikinger, die ihn vor allem am Ende des Winters aßen. Nach den langen Nächten und kalten Tagen sollte er den Nordmännern frische Kraft und neuen Mut verleihen.

Geheimnisvolle Raukar

Gotland bietet aber mehr als nur Schafe und gute Küche. Es ist auch eine Insel mit faszinierender Natur. Typisch für die Insel sind die Raukar. Der berühmte Naturforscher Carl von Linné hatte diese bizarr verwitterten Kalksteinfelsen mit „Statuen, Pferden und allerlei Geistern und Teufeln" verglichen.

Nirgends in Schweden scheint so lange die Sonne und nirgends ist es so warm wie auf Gotland. Deswegen ist die Insel mit ihren schönen Stränden auch als Badeziel gefragt. Vorzugsweise allerdings bei schwedischen Gästen. Weil für sie die Sommersaison erst nach Mittsommer beginnt und Anfang

Insel Fårö, die Schafinsel, von Gotland nur durch einen schmalen
Meeresarm getrennt, ist ein Paradies für Naturliebhaber.

Im Naturreservat Ekstakusten kämpfen die
Krüppelkiefern gegen Wind und Wetter, ...

... auf Fårö weichen und
wanken die Raukar nicht.

Gotska Sandön: 40 Kilometer nördlich von Gotland
beginnt die ganz große Einsamkeit.

August schon wieder endet, haben ausländische Touristen anschließend die Strände der Ostseeinsel für sich allein. Viele Gäste leihen sich ein Fahrrad und machen sich auf den Weg, um die für die Insel so typischen gotischen Kirchen zu besuchen oder um von Galerie zu Galerie zu fahren. Auf der Insel haben sich viele Künstler niedergelassen, die sich vom Licht der Sonneninsel inspirieren lassen. Radfahrer mit guter Kondition können Gotland auf dem ca. 500 Kilometer langen Gotlandleden umrunden.

Die Mauer gegen Bauern

Von der Mitte des 12. bis zur Mitte des 14. Jahrhunderts gehörte Gotland zu den wohlhabendsten Regionen Europas. Anfangs war der Reichtum zu gleichen Teilen zwischen Stadt und Land verteilt. Dann aber ließen sich deutsche Hansekaufleute in Visby nieder. Die Stadt sicherte sich Zollprivilegien und wurde immer reicher, während das Umland zusehends verarmte. Und dies sollte nach dem Willen der Hansekaufleute auch tunlichst so bleiben. Sie umzogen Visby mit einer Stadtmauer, die nicht zur Abwehr äußerer Feinde gedacht war, sondern um die eigenen Bauern fernzuhalten. Die dadurch verursachten Spannungen kulminierten 1288 in einem Aufstand der Landgemeinde, der jedoch blutig niedergeschlagen wurde.

Ein dänischer Eroberer

Erobert wurde Visby 1361 vom Dänenkönig Valdemar Atterdag. Der landete auf Gotland und metzelte zunächst mit seinem riesigen Heer die schlecht ausgerüstete Streitmacht der Bauern nieder, der die Stadtbewohner die Zuflucht hinter den sicheren Mauern versagt hatten. Als der Dänenherrscher dann vor den Stadttoren stand, öffneten ihm die Einwohner Visbys bereitwillig die Tore im Glauben, sie könnten unter seiner Herrschaft ihre einträglichen Geschäfte fortsetzen. Diese Rechnung aber hatten sie ohne Valdemar Atterdag gemacht. Mit dem Tag der Machtübernahme durch die Dänen begann auch der Niedergang Gotlands. Die

Besuch auf Öland: Der Leuchtturm Lânge Jan an der Südspitze der Insel misst 42 Meter Höhe. Besonders bequem erkundet man die Stora Alvaret hoch zu Ross. Um die Orchideen dieser Kalkheide zu studieren, muss man freilich absteigen. Ein Fernglas griffbereit zu haben, lohnt auch auf jeder Bootstour.

Bockwindmühlen können mithilfe eines langen Hebels in den Wind gedreht werden. Auf Öland stehen sie oft in Ketten aneinandergereiht; hier die Windmühlen bei Gårdslösa.

Besucher unserer Tage profitieren von der Feigheit und Geldgier der Hansekaufleute: Die Stadt blieb damals völlig unzerstört und gehört deswegen heute zu den schönsten Städten Nordeuropas. Bereits 1995 wurde Visby in die Welterbeliste der UNESCO aufgenommen. Im August erinnert man beim Mittelalterfestival an die Eroberung der Insel. Einheimische und Gäste begeben sich auf eine spannende und farbenfrohe Zeitreise zurück ins 14. Jahrhundert.

Mühlenräder im Wind

Gotlands Nachbarinsel Öland ist die Insel des Windes. Fast jeden Tag streicht eine steife Brise über die flache Insel, weshalb hier einst die Mühlenflügel knatterten. Im 19. Jahrhundert war der Besitz einer Mühle ein Statussymbol für die Bauern und so hatte ein jeder Bauernhof seine eigene Bockwindmühle. Statistisch kamen damals auf eine Windmühle nur etwa 10 bis 20 Einwohner. Rund 400 der ehemals über 2000 Mühlen stehen immer noch, benutzt werden sie aber schon lange nicht mehr. Heute sind sie einzig malerische Fotomotive. Besonders schön: die fünf Mühlen von Lerkaka, die wie an der Perlenschnur aufgereiht sind, oder die Mühle von Gettlinge, die malerisch hinter einer Schiffssetzung steht.

Die Stora Alvaret

Die Gräberfelder aus der Stein- und Eisenzeit sind Zeugen der langen Inselgeschichte. Das gilt auch für die Hügelgräber aus der Bronzezeit und die Burganlagen aus der Zeit der Völkerwanderung. Öland ist schon seit 9000 Jahren bewohnt. Heute leben noch 25 000 Menschen auf der Insel, halb so viele wie im 19. Jahrhundert, Tendenz sinkend. Die Landwirtschaft ernährt immer weniger Leute, während der Tourismus nur für zwei bis drei Monate die Kassen füllt. Danach stehen die Ferienhäuser wieder leer, die Hotels schließen vielerorts nach dem Sommer ganz die Türen.

Dabei hat Öland auch in der Nachsaison einiges zu bieten. Der herbe Reiz der steppenartigen Kalkheiden der Stora Alvaret entfaltet im Herbst sogar noch eine intensivere Wirkung. Hier im Süden der Insel leben seltene Vögel und Pflanzen. Einige von ihnen, zum Beispiel das Öland-Sonnenröschen, kommen weltweit einzig hier vor. Wegen dieser Besonderheit zählt die Stora Alvaret auch zum UNESCO-Weltnaturerbe.

Schloss der Kronprinzessin

Im Sommer verbringen nicht nur viele Touristen ihren Urlaub auf der Insel, sondern auch die Königsfamilie. Und Kronprinzessin Victoria feiert im kö-

Rund 400 der ehemals über 2000 Mühlen stehen immer noch auf Öland, der Insel des Windes.

1941 erfand Astrid Lindgren ihre berühmteste
Figur, Pippilotta Viktualia Rullgardina Krusmynta
Efraimsdotter Långstrump. Im Freizeitpark
„Astrid Lindgrens World" in Vimmerby werden
viele Szenen aus Pippi Langstrumpfs Abenteuern
nachgespielt. Auch zahlreiche andere Lindgren-
Schöpfungen haben hier ihren Auftritt.

Macht und Glanz stellte das Wasserschloss von Kalmar seit Ende des 11. Jahrhunderts zur Schau. 24 Belagerungen überstand die Feste, die im Laufe ihrer Geschichte mehrfach umgebaut wurde, zuletzt im 16. Jahrhundert im Stil der Renaissance.

Heimat von Pippi Langstrumpf: In Vimmerby lebte Astrid Lindgren, und hier spielen auch ihre Bücher.

niglichen Sommerschloss Solliden sogar ihren Geburtstag. Am 14. Juli, dem „Victoriadagen", flattert aus diesem Anlass überall die schwedische Flagge. Und obwohl sie nicht im Schloss mitfeiern dürfen, ist dieser Tag für alle Öländer ein ganz besonderes Fest.

Anders als Gotland liegt Öland nur wenige Kilometer vom Festland entfernt. Seit 1973 kann man auf einer sechs Kilometer langen Brücke mit dem Auto von Kalmar nach Färjestaden hinüberfahren. Seitdem trägt der Ort auf der Insel eigentlich den falschen Namen – Färjestaden bedeutet nämlich Fährenstadt. Eine Umbenennung in Brostaden (Brückenstadt) ist aber nicht geplant ...

Zurück auf dem Festland

Jenseits der Brücke liegt Kalmar, ein geschichtsträchtiger Ort: Hier wurde 1397 die Union der nordischen Staaten, die „Kalmarer Union", beschlossen. Im Landesinneren versteckt, in den Wäldern Smålands, liegt das „Glasriket", das Glasreich. In der Region, in der seit alters her Glas geblasen wird, kann man noch heute eine Tour von einer Glashütte zur nächsten absolvieren (siehe DuMont Thema, S. 46). Und wer noch ein bisschen weiterfährt, der kommt in die Heimat von Pippi Langstrumpf. Im småländischen Vimmerby lebte die Kinderbuchautorin Astrid Lindgren, und hier spielen auch ihre Bücher.

DAS SCHWEDISCHE GLASREICH

Made in Sweden

Schwedisches Glas ist weltberühmt. Innerhalb Schwedens wiederum ist das Glasriket, das Glasreich, das Zentrum der Glasherstellung. Es liegt in der historischen Provinz Småland im Südosten Schwedens.

Kosta, Orrefors und Nybro sind die heimlichen Hauptstädte des schwedischen Glasreichs. Hier liegen die meisten der insgesamt 15 Glashütten, die bis heute noch betrieben werden. Glas ist ein Riesengeschäft, das heutzutage von Konzernen beherrscht wird. Kosta-Boda und Orrefors beispielsweise gehören zusammen mit der Hütte in Åfors seit 2005 zur „New Wave Group". In der jüngeren Vergangenheit haben sich allerdings ein paar Künstler ans Werk gemacht und kleine Manufakturen gegründet. Die werden in der Zählung aber oft vergessen.

Die große Show
Für den Tourismus ist es wichtig, dass die Gäste etwas zu sehen bekommen. Und die beste „Show" bieten nun mal die Großen. Mehr als eine Million Zuschauer kommen jedes Jahr in die Hütten, um zuzusehen, wie aus glühender Glasmasse hauchdünne Gläser, strapazierfähige Vasen und dekorative Schalen entstehen. Mit den kostenlosen Vorführungen soll die Kundschaft Lust bekommen auf den Fabrikverkauf, den jede Glashütte bietet. Wer mag, kann sich auch selbst einmal als Glasbläser versuchen.

Glas für den König
Die Geschichte der schwedischen Glasbläserei nahm im 16. Jahrhundert ihren Anfang. Damals herrschte König Gustav I. Vasa, der Schweden zu ei-

Vasen, Schalen und vieles mehr – in den Hütten des Glasreichs entstehen bis heute kunstvolle Glasobjekte.

Wer seinen Gästen im 16. Jahrhundert den Wein in feinsten Gläsern kredenzte, konnte auch in blaublütigen Kreisen Eindruck schinden.

Die Hütte Transjö,
die zu den kleinsten
im Glasreich zählt,
liegt malerisch am
Fluss Lyckebyå.

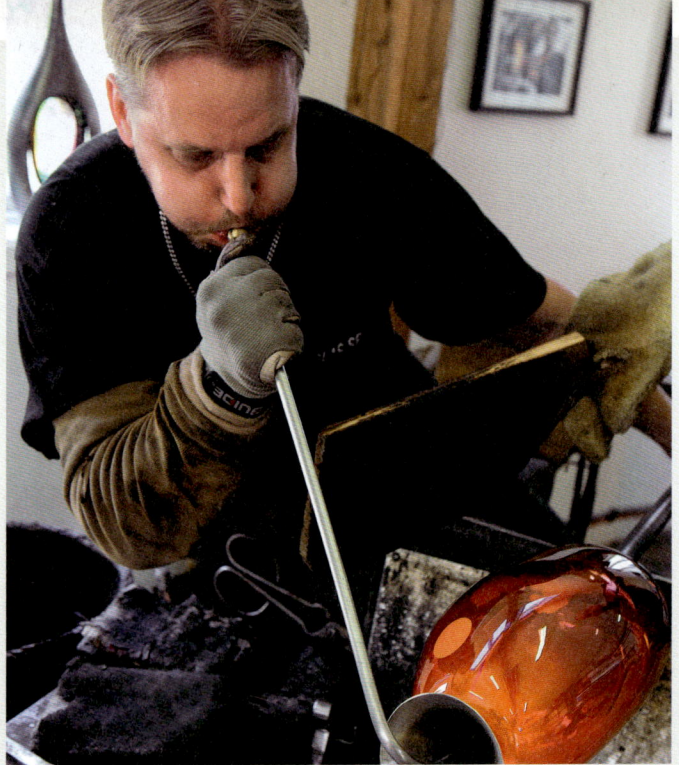

Meister an der Glasflöte (von oben nach unten): Mikael Johansson von der Glashütte Puckeberg und Jan-Erik Ritzman, Transjö Hütte

Informationen

....

Glasriket
Dunderbergsgatan 2, 38280 Nybro
Tel. 0481 4 52 15, www.glasriket.se

Auswahl an Hütten:
Kosta Glasbruk
36052 Kosta, www.kostaboda.se

Pukebergs Glasbruk
Pukebergarnas väg, 38234 Nybro
www.bruksshopenipukeberg.se

Transjö Hytta
36052 Kosta, www.transjohytta.com

nem großen Reich gemacht hat. Trotz aller militärischen Erfolge der Nordeuropäer blickten die „Königskollegen" mit einem leichten Naserümpfen auf den „unzivilisierten" schwedischen Königshof. Um dem abzuhelfen, holte Gustav Vasa venezianische Glasbläser ins Land. Glas war damals Ausdruck von größtem Luxus – wer seinen Gästen den Wein in feinsten Gläsern kredenzte, konnte selbst in blaublütigen Kreisen Eindruck schinden.

Die besten Voraussetzungen für den Bau von Glashütten gab es in Småland. Hier hatte man riesige Wälder, in denen das Holz wuchs, mit dem man die Öfen befeuerte. Und hier fand man am Grund der Seen den feinen Quarzsand, den man als Rohstoff zur Glasherstellung benötigt. Zur Zeit der Spitzenproduktion Ende des 19. Jahrhunderts rauchten in der ansonsten bitterarmen Provinz die Schlote von mehr als 100 Glashütten. In Småland waren es aber nicht die Venezianer, die den Einheimischen das Glasblasen beibrachten, sondern, je nach Lesart, Holländer oder Deutsche. Die älteste heute noch aktive Glashütte im Glasreich ist die von Kosta-Boda, wo seit 1742 Glasbläser ihrem Handwerk nachgehen. In Orrefors befindet sich die Riksglasskola, in der Glasbläser und -künstler aus ganz Europa ausgebildet werden. In Växsjö liegt das schwedische Glasmuseum.

Am Abend ein Hüttenhering

In den vergangenen Jahren belebt man für Touristen die Tradition des „Hyttsill", des Hüttenherings, wieder. Einst brutzelten die Glasbläser nach Ende der Arbeit in den noch warmen Öfen ihr Abendessen. Hering, seinerzeit das Hauptnahrungsmittel, gab der Angelegenheit ihren Namen. Heute tischen die Hütten Bergdala, Kosta, Målerås und Pukeberg abends im Glasofen zubereitete „Schmankerl" auf. Neben Hering sind es Würstchen, deftige Schweinerippchen und Kartoffeln. Und die in Småland beliebte Isterbandkorv, eine Wurst, die zu 70 Prozent aus Getreide und Kartoffelmehl besteht. Die Tradition des Hyttsill ist für Touristen die perfekte Art, eine Tour durch das Glasreich gemütlich zu beenden.

Glas zaubert das
besondere Etwas,
wie hier in der von
Glaskünstler Kjell Engman
entworfenen Bar im
Kosta Boda Art Hotel.

Urlaubsparadiese an der Sonnenküste

Im Osten Smålands ist Schweden so, wie man es sich ausmalt – riesige Wälder, viele Seen und, wie Farbtupfer eingestreut, rote Holzhäuschen bestimmen die Szenerie. Vor der Küste liegen die beiden Sonneninseln Öland und Gotland.

❶ Vimmerby

In Vimmerby (8000 Einw.) wurde die Schriftstellerin Astrid Lindgren geboren. Sie machte den kleinen Ort durch ihre Bücher weltbekannt.

SEHENSWERT

In **Astrid Lindgrens Värld**, einem Erlebnispark (Mitte Mai–Aug. tgl. 10.00–17.00/18.00 Uhr, Vor- und Nachsaison seltener geöffnet, www.alv.se), kann man Pippi Langstrumpf und Ronja Räubertochter besuchen und sich den Kattulthof von Michel aus Lönneberga ansehen. Man wandert durch eine Miniaturausgabe von Vimmerby der 1920er-Jahre.

> **Tipp**
>
> ## Kleine Autofahrer
> ....
>
> Im Norden Ölands in der Gemeinde Löttorp liegt das Lådbilslandet. Hier können Kinder in motorisierten kleinen Autos, Lkws oder Bussen durch eine Miniaturstadt fahren. Es geht über Kurven dahin, über Brücken und um Kreisverkehre herum. Sogar einen Kinderführerschein können die jungen Besucher machen. Für Eltern ist der Eintritt frei.
>
>
>
> Gaxa Skogsgata 7, 3877 Löttorp
> www.ladbilslandet.se, Juli Mo.–Sa.
> 10.00 bis 18.00, So. 11.00–17.00,
> Anfang–Mitte August, Mitte bis
> Ende Juni tgl. 11.00–17.00 Uhr

UMGEBUNG

Der Runkesten nahe **Rumskulla** (30 km westl.) ist der größte bewegliche Findling der Welt. Ganz in der Nähe steht die dickste Eiche Europas, die Rumskullaeken.

INFORMATION

Vimmerby turistbyrå, Rådhuset 1, 59837 Vimmerby, Tel. 0492 3 10 10, www.vimmerbyturistbyra.se

❷ Glasriket

Als Glasreich bezeichnet man die Landkreise Kosta, Orrefors und Nybro (DuMont Thema, S. 46). Dass Glas früher vor allem hier in Småland produziert wurde, lag am Vorhandensein der notwendigen Ressourcen: Quarzsand vom Grund der Seen als Rohstoff, Holz als Brennstoff und Wasserkraft für die Energieerzeugung. In der armen Region standen zudem ausreichend günstige Arbeitskräfte zur Verfügung.

HOTEL

Das € € € **Kosta Boda Art Hotel** (Stora vägen 75, 36052 Kosta, Tel. 0478 3 48 30, www.kostabodaarthotel.com) ist ein modernes Designhotel mit kunstvoll gefertigter „Glasbar". Das Hotel befindet sich mitten im Glasreich: Die Glashütte Kosta liegt direkt nebenan.

UMGEBUNG

Fans besuchen in **Nybro** das James Bond Museum, das unzählige Memorabilia über den Spion ihrer Majestät ausstellt (Emmabodavägen 20, www.007museum.com, Mo.–Fr. 10.00 bis 13.00, 14.00–17.00, Sa. 10.00–14.00 Uhr).

INFORMATION

Glasriket turistinformation
Engshyttegatan 6, 38280 Nybro
Tel. 0481 4 52 15, www.glasriket.se

❸ Kalmar

Kalmar (36 000 Einw.) gehört zu den ältesten Städten Schwedens. Hier wurde 1397 die Kalmarer Union, der Zusammenschluss der damaligen drei nordischen Reiche Dänemark, Norwegen und Schweden, besiegelt.

Wirkt wie ein Schloss: der Dom zu Kalmar

SEHENSWERT

Das großartige **Renaissanceschloss** wurde im 16. Jh. auf den Resten einer Königsburg aus dem 13. Jh. errichtet (www.kalmarslott.se, Okt.–April Sa., So. 10.00–16.00, Mai u. Sept. tgl. 10.00–16.00, Di. bis 20.00, Juni 10.00 bis 16.00/18.00, Juli–Mitte Aug. 10.00–18.00, Mitte–Ende Aug. 10.00–17.00 Uhr). Es liegt etwas außerhalb direkt am Meer. Im Zentrum, am Stortorg, erhebt sich der **Dom**, erbaut zwischen 1660 und 1703 nach Plänen des in Stralsund geborenen Architekten Nicodemus Tessin d. Ä. (Juni–Aug. 8.00–20.00, Sa., So. 9.00–20.00, sonst Mo.–Fr. 8.00–15.30, Mi. bis 18.30, Sa., So. 9.00–16.00 Uhr). Das **Barockrathaus** (1690) liegt dem Dom gegenüber.

MUSEEN

Im **Länsmuseum** (Skeppsbrogatan 51, www.kalmarlansmuseum.se, Mo.–Fr. 10.00–16.00, Mi. bis 20.00, Sa., So. 11.00–16.00) sind Gegenstände zu sehen, die man aus dem Wrack der 1676 gesunkenen „Kronan" geborgen hat. Das königliche Schlachtschiff war doppelt so lang wie die in Stockholm ausgestellte Wasa. Mehr über Schifffahrt erfährt man im **Seefahrtsmuseum** (Södra Långgatan 81, Mitte Juni bis Mitte Sept. tgl. 11.00–16.00, sonst So. 12.00 bis 16.00 Uhr). Das 2008 eröffnete **Kunstmuseum** präsentiert Werke bekannter schwedischer Künstler wie Carl Larsson und Anders Zorn

(Stadsparken, www.kalmarkonstmuseum.se, Di., Do., Fr. 13.00–16.00, Mi. 16.00–21.00, Sa., So. 11.00–16.00 Uhr).

HOTEL

Ein sehr gemütliches, charmantes Haus: das kleine € € / € € € **Slottshotell** (Slottsvägen 7, Tel. 0480 8 82 60, www.slottshotellet.se/de/).

UMGEBUNG

Das 8500 Jahre alte Tingby Hus in **Smedby** (10 km westl.) gilt als ältestes Haus Nordeuropas. Eine Rekonstruktion des steinzeitlichen Gebäudes kann besichtigt werden. Die Kirche von **Hagby** (17 km südl.) ist die größte und besterhaltene der acht schwedischen Rundkirchen. Ihre ältesten Teile stammen aus dem 12. Jh.

INFORMATION

Kalmar turistbyrå
Ölandskajen 9, 39132 Kalmar
Tel. 0480 41 77 00, www.kalmar.com

④ Öland

Seit 1972 ist Schwedens zweitgrößte Insel (137 km lang und bis zu 17 km breit) durch eine Brücke mit dem Festland verbunden. Öland ist als Sommerferienort der Königsfamilie bekannt.

SEHENSWERT

Die bekannteste Sehenswürdigkeit der Insel ist die **Schlossruine Borgholm**. Erbaut wurde das Schloss im frühen 16. Jh., 1806 fiel es einem Brand zum Opfer. Die Ruine kann besichtigt werden; im Sommer finden hier Konzerte statt. In der Nähe liegt **Schloss Soliden**, das 1903 bis 1906 nach den Vorstellungen von Königin Victoria erbaut wurde. Hier verbringt die schwedische Königsfamilie ihre Sommerferien (es kann nur der Schlosspark besichtigt werden). In **Byxelkrok** kommen die Autofähren aus Oskarshamn an und es legen die Ausflugsboote zur Nationalparkinsel **Blå Jungfrun** ab (Fahrten Juni–Ende Aug.). Bekannt ist der lange Sandstrand von **Böda**.
Auf der windigen Insel Öland klapperten früher überall Windmühlen. Rund 400 stehen heute noch. In **Storlinge** reihen sich sieben Windmühlen aneinander, in **Lerkaka** sind es fünf. In **Himmelsberga** kann man ein Freilichtmuseum mit Gehöften aus dem 18. und 19. Jh. besuchen. Der Süden der Insel wird von den Kalkheiden der **Stora Alvaret** beherrscht. Mit ihrem reichen Pflanzenwuchs und dem vielfältigen Vogelleben ziehen sie Naturfreunde an. In **Gettlinge** lohnt eine Schiffssetzung einen kurzen Stopp. In **Eketorp** steht die größte und am besten erhaltene der 16 vorgeschichtlichen Fluchtburgen Ölands. In **Ottenby** an der Südspitze schließt der 42 m hohe Leuchtturm, der „Lange Jan", die Insel ab (Besteigung möglich, Vogelstation in der Nachbarschaft).

INFORMATION

Träffpunkt Öland 102
38633 Färjestaden, Tel. 0485 8 90 00
www.olandsturist.se/de

Strand von Gotska Sandö; Ritterspiele bei der Mittelalterwoche in Visby und Schloss Soliden auf Öland; Urlaubsdomizil der schwedischen Königsfamilie

⑤ – ⑨ Gotland

Die größte Insel Schwedens ist zugleich auch die sonnenreichste Region des Landes. Von Mitte Juni bis Anfang August ist sie nahezu ausgebucht. Die Saison ist jedoch kurz, und weil Industrie fehlt, zählt Gotland zu den ärmeren Regionen Schwedens.

VISBY

Die ⑤ **Hauptstadt Gotlands** zählt 22 500 Einwohner. Ihre Innenstadt hat nach wie vor ein mittelalterliches Gepräge und steht seit 1995 auf der Weltkulturerbeliste der UNESCO. Die größte Sehenswürdigkeit Visbys ist die 3,5 km lange **Stadtmauer** TOPZIEL, die das Zentrum völlig umschließt. Die ältesten Teile wurden zwischen 1250 und 1288 erbaut. Im Abstand von einigen Hundert Metern ist die Mauer durch Wehrtürme verstärkt. Der **Dom**, im 12. Jh. der Gottesmutter Maria geweiht, ist die einzige noch bestehende mittelalterliche Kirche Visbys. Die Hansekaufleute verwendeten die Kirche als Lager: Kurz nachdem das Gotteshaus fertiggestellt war, ließen sie eine Zwischendecke einziehen, um den so entstandenen Speicher als Warenlager zu nutzen. Im schlichten Inneren ist Gotlands größter Taufstein (13. Jh.) sehenswert. Hinter dem Dom steigt man hoch zur Anhöhe **Klinten**, von der man einen herrlichen Blick über die Stadt und die Ostsee genießt. Hier oben befand sich einst der Richtplatz der Stadt.
Die vielen Kirchenruinen im Zentrum geben der Stadt ein ganz eigenes Gepräge. Für Touristen sind sie gefragte Fotomotive, im Sommer werden sie gerne für Theater- und Musikaufführungen genutzt. Die bekanntesten der vielen Ruinen sind die der **Heilig-Geist-Kirche** (12. Jh.,1611 abgebrannt) und der **St.-Nikolai-Kirche** (einst größte Klosterkirche Schwedens, 1230 erbaut, 1525 zerstört). Im Innenhof der Ruine von **St. Hans und St. Per** ist heute ein Sommercafé untergebracht, in dem man Kuchen vor einmaliger Kulisse genießen kann.

Das Landesmuseum **Gotlands Fornsal** ist das meistbesuchte Regionalmuseum Schwedens (Strandgatan 14, Di.–So. 11.00–16.00 Uhr). Im Zentrum des Interesses steht der beeindruckende reiche Goldschatz aus der Wikingerzeit.

RESTAURANTS

€ € / € € € **Krakas Krog** (Kräklingbo, Tel. 0498 5 30 62, geöffnet Mitte Juni–Anfang Sept. Mi.–So.) ist laut der schwedischen Gourmetbibel „White Guide" das beste Restaurant auf der Insel.
€ € **Wallers Krog** in Visby (Wallers plats 2, Tel. 0498 24 99 88), ebenfalls vom „White Guide" gelobt, bietet moderne schwedische Küche. Günstiges Mittagsmenü.

UMGEBUNG

Ein nettes Ausflugsziel für Familien ist der **Freizeitpark Kneippbyn** (3 km südl.). Im Park steht die „Villa Kunterbunt", in der Teile der Pippi-Langstrumpf-Filme gedreht wurden. Ganz in der Nähe liegt der **Högklint**. Von dem 45 m hohen Felsen genießt man den weiten Blick nach Visby.

INSELRUNDFAHRT

Tofta (südl. von Visby) mit seinem großen Sandstrand und den Dünen ist einer der beliebtesten Badeorte der Insel. In der Nähe des Ortes liegt Gnisvärd mit bunten Fischerhütten und einer Schiffssetzung. Von **Klintehamn**, mit 1400 Einw. einer der größeren Orte der Insel, legen die Boote zur Vogelinsel Stora Karlsö

Die ältesten Teile der 3,5 Kilometer langen Stadtmauer von Visby wurden zwischen 1250 und 1288 erbaut.

ab. Im Russparken weiden in einem Waldgebiet etwa 80 Tiere der gotländischen Pferderasse Russ. Zu den schönsten Kirchen im Südteil der Insel zählen die von **Öja** (Triumphkruzifix aus dem 13. Jh., sehenswerte Wandmalereien, der 67 m hohe Turm ist der höchste der hiesigen Landkirchen), **Vamlingbo** (13. Jh., bedeutende Wandmalereien) und **Hablingbo** (12.–14. Jh.). In dem Ort liegt mit dem Gute Vingård das einzige gotländische Weingut. Ebenfalls in Hablingbo findet man den Museumsbauernhof Petesgården (Juni–Aug. tgl. 11.00–17.00 Uhr). Zwei weitere Museumsbauernhöfe kann man in **Kattlunds** (im Sommer Di.–So. 11.00–17.00 Uhr) und **Bottarvegården** (Mitte Juni–Aug. tgl. 11.00–17.00 Uhr Mai–Mitte Juni, Anfang bis Mitte Sept. Fr., Sa. u. So. 11.00–17.00 Uhr.) besuchen. Im äußersten Süden der Insel erstreckt sich das Heidegebiet ❻ **Hoburgen** mit dem Hoburgsgubben – einem Kalkfelsen, der einem alten Mann mit roter Nase ähnelt und der wegen seines Aussehens zu einem Wahrzeichen der Insel geworden ist.

An der Ostküste Gotlands liegt der bekannteste Badeort der Insel: ❼ **Ljugarn** bietet den Urlaubern einen langen Strand in herrlicher Lage sowie eine hervorragende Infrastruktur mit Hotels, Ferienhäusern, Campingplätzen und Restaurants.

Im äußersten Norden der Insel lohnt das Freilichtmuseum von ❽ **Bunge** einen Besuch. Hier kann man u. a. drei Bauernhöfe aus dem 17., 18. und 19. Jh. besichtigen (www.bunge museet.se, Mitte Mai–Mitte Juni tgl. 12.00 bis 16.00, Mitte Juni–Ende Juni u. Mitte bis Ende Aug. tgl. 11.00–17.00, Juli–Mitte Aug. tgl. 11.00–18.00 Uhr.). In **Fårösund** legen die kostenlosen Fähren zur kleinen vorgelagerten **Insel Fårö** ab. Neben der Dorfkirche mit einer Votivtafel von 1618 und dem Heimatmuseum mit dem benachbarten Bergman-Center (http://bergmancenter.se/en) lockt dort vor allem die außergewöhnliche Natur Gäste an: die Raukargebiete am Gamla Hamn, bei Langhammars und Digerhuvud sowie der Suderstrand. Hier verbrachte der ehemalige schwedische Ministerpräsident Olaf Palme, ermordet 1986, seinen letzten Urlaub. In der Nähe des Fischerorts **Lickershamn** steht der Rauk Jungfrun – mit einer Höhe von 12 m ist er der größte der bizarr geformten Kalksteinfelsen der Insel. Weiter entlang der Westküste Richtung Visby erreicht man die Grotte in ❾ **Lummelunda** mit mehr als 100 000 Besuchern im Jahr (Mai 10.00–15.00, Anfang–Mitte Juni 10.00–16.00, Mitte Juni–Ende Juni 10.00–17.00, Juli–Anfang Aug. 9.00–18.00, Mitte–Ende Aug. 10.00–16.00, Sept. 10.00–14.00 Uhr, www.lummelunda grottan.se) und die **Villa Muramaris** (im Sommer Wechselausstellungen zeitgenössischer Kunst, www.muramaris.se). 11 km nordöstlich von Visby im Landesinneren liegt **Bro** mit einer sehenswerten Landkirche (Taufstein aus dem 12.Jh.).

INFORMATION
Gotlands turistbyrå
Donners plats 1, 62125 Visby
Tel. 0498 20 17 00, www.gotland.com

Genießen   Erleben   Erfahren

DuMont
Aktiv

Ruhepol Sandinsel

Die Sandinsel Gotska Sandö liegt
38 Kilometer nördlich von Gotland. Sie ist Nationalpark und ein beliebtes Ausflugsziel für Naturfreunde. Der Zugang ist beschränkt und übernachtet werden darf nur im Zelt oder in einfachen Hütten.

Wenn man mit dem Schiff auf die „Gotländische Sandinsel" fährt, weiß man nie genau, wo man ankommt: Da es auf der Insel keinen Hafen gibt, hängt es von Wind, Wetter und Wasserstand ab, an welchem Strand das Boot anlegen kann. Ebenso bei der Rückreise: Am Abreisetag kann man einer Anschlagtafel entnehmen, wo das Schiff ablegen soll. Schon An- und Abreise sind also ein kleines Abenteuer. Am „Lagerplats" wird im eigenen Zelt oder einer der Hütten übernachtet. Kochgelegenheiten sind vorhanden, Lebensmittel aber mitzubringen. Im Waschraum kommt nur kaltes Wasser aus dem Hahn, aufs Duschen muss man verzichten.

Die ganzen Entbehrungen lohnen sich, erlebt man doch auf der Gotska Sandö noch durch und durch unberührte Natur. Die endlos langen Sandstrände und die Sonnenuntergänge sind Legende. Vogelfreunde sollten ihren Feldstecher nicht vergessen, denn hier gibt es einiges zu sehen. Die Umrundung der Insel ist ein Tagesausflug, man ist etwa neun Stunden unterwegs. Die beste Aussicht hat man vom Schipkasset, dem mit 40 Meter höchsten Punkt der Insel.

Weitere Informationen

Anreise
Nur mit dem Boot von Fårösund auf Gotland und von Nynäshamn südlich von Stockholm. Von Mitte Mai bis Mitte September fahren drei bzw. viermal pro Woche Boote.

Fährverkehr
Da der Fahrplan starken Änderungen unterliegen kann und an manchen Tagen aufgrund der Wetterlage kein Schiffsverkehr möglich ist, sollte man sich über den Fahrplan informieren: www.gotskasandon.se; www.sandoresor.se

Urlaub rustikal: Auf Gotska Sandö müssen Urlauber mit Zelten oder Holzhütten vorliebnehmen.

Strände und Streichhölzer

Göteborg ist die Hauptstadt der Kulinarik, Jönköping die des Glaubens. In Halmstad gibt es die längsten Strände und in Växjö ist man beim Umweltschutz Spitze – ein Landstrich der Superlative.

Ganz großer Auftritt: Göteborgs Oper bildet nicht nur bei Dunkelheit einen markanten Blickfang am Wasser.

Szenen aus Göteborg: Der Poseidonbrunnen (oben links) von Carl Milles ziert seit 1931 den Götaplats. Beste Aussicht über die Stadt gewährt das „Utkiken", im Volksmund „Lippenstift" genannt (oben rechts). Davor schaukelt die Viermastbark „Viking" (unten rechts). Prächtige Boulevards animieren zum Bummeln (unten links).

Göteborg ist die zweitgrößte Stadt Schwedens und damit die natürliche Konkurrentin der Hauptstadt Stockholm. Man schaut schon ein wenig neidisch hinüber zur größeren Schwester auf der anderen Seite des Landes. Bedeutende Museen, Theater und eine Oper hat man zwar auch hier, doch was Kulturangebot und Lebensart angeht, kann man es mit der Hauptstadt nicht aufnehmen. Eine alte schwedische Redensart sagt: „In Göteborg schreibt man keine Gedichte; man schreibt Rechnungen."

Dafür ist man in Göteborg bodenständiger und weltoffener – hier hält niemand seine Kaffeetasse mit abgespreiztem kleinen Finger. Vielleicht kommt das Schnörkellose auch aus der Tradition

Die Hafenstadt Göteborg wird von den Einheimischen mit Stolz auch „Schwedens Tor zur Welt" genannt.

als Hafen- und Industriestadt. Schon die Ostindienfahrer legten von hier aus zu ihren Fahrten ab und brachten nicht nur exotische Waren mit, sondern eine Weltläufigkeit, auf die man in Göteborg bis auf den heutigen Tag stolz ist. Nicht umsonst nennen die Einheimischen ihre Stadt „Schwedens Tor zur Welt". Da ist es nur passend, dass die Poseidonstatue vor dem Kunstmuseum das Wahrzeichen der Stadt ist. Auch nennen die Göteborger ihre Fischmarkthalle „feskekörka" – „Fischkirche" – was ein wenig den Wert symbolisieren mag, den das Meer für die Einwohner hat.

Kulinarischer Brennpunkt

So mag es nicht überraschen, dass man in Göteborg hervorragende Fischgerichte geboten bekommt. Entsprechend häufig landet die Auszeichnung für das beste schwedische Fischrestaurant ebenfalls dort. Und gleich sechs Restaurants mit

Göteborg: Die Deutsche Kirche (oben) wurde
1623 erbaut und – nach einem Großbrand –
1748 neu errichtet. Nicht nur Kinder lieben den
Liseberg Vergnügungspark (Mitte links).
In Boutiquen und Trödelläden stöbern,
bummeln, Kaffee trinken – dafür steht
Haga, Göteborgs ältester Stadtteil
(Mitte rechts und unten).

Gleich neben der Oper beginnt der Gästehafen „Lilla Bommen". Wer hier an einem der 100 Jachtliegeplätze ankert, findet sich sofort mitten in der beliebten Ausgehmeile am Wasser wieder.

Michelin-Sternen hat die Stadt zu bieten. Da ist es nur folgerichtig, dass die Metropole des Westens 2012 zur kulinarischen Hauptstadt Schwedens gewählt wurde.

Lange Strände vor der Stadt

Die Badeorte im Umkreis von Göteborg werben mit den Namen „schwedische Riviera" oder „Schwedens Badewanne". Während der Zeit zwischen Mittsommer und Anfang August sind die Hotels, Pensionen und Ferienhäuser meist ausgebucht. Auch Halmstad prahlt mit seinem langen Sandstrand. Die Küste ist das Markenzeichen des Westens.

Den meisten Schweden reicht es aber nicht, faul am Strand zu liegen und sich die warme Sommersonne auf den Bauch scheinen zu lassen. Segeln steht hoch im Kurs, fast jedes Städtchen an der Küste hat seinen eigenen Jachthafen. Auch Kajakfahren ist populär – immer mehr Menschen wagen sich im Seekajak hinaus aufs Meer. So schwer ist das gar nicht, denn das Meer zeigt sich hier oft von einer überraschend freundlichen Seite. Wer auf Nummer sicher gehen will, der bucht sich einfach bei einem der Outdooranbieter für eine Tagestour ein. Kanu- und Kajakfahren kann man aber auch im Landesinneren. Die zahlreichen kleinen Seen sind dafür ideale Reviere. Oder man mietet ein Ferienhäuschen und wirft die Angel aus.

Am Südwestufer des Vättersees liegt Habo. Zwischen 1741 und 1743 entstanden die wandfüllenden Malereien in der örtlichen Kirche (ganz oben und oben links). Lagerfeuerromantik am Wasser (rechts): Ein dichtes Geflecht von Seen durchzieht ganz Südschweden. Der Vättern, dessen Name auf Altschwedisch schlicht „Wasser" bedeutet, ist der zweitgrößte See des Landes.

Südlich von Göteborg liegt die Insel Stora Amundön, ein Naturschutzgebiet von besonderem Reiz mitten in den Schären.

Special

Sjöwall / Wahlöö

Kultkrimis auf Schwedisch

....

Schwedische Krimiautoren stürmen die deutschen Bestsellerlisten. Henning Mankell, Liza Marklund, Hakån Nesser oder Stieg Larsson – ihre Bücher waren und sind Verkaufsschlager. Den Grundstein für die schwedischen Kriminalgeschichten legte das Autorenduo Sjöwall/Wahlöö.

Fast alle schwedische Autoren verbinden in ihren Romanen Spannung mit Sozialkritik. Damit folgen sie dem Vorbild des Autoren(ehe)paars Maj Sjöwall (geb. 1936 in Stockholm) und Per Wahlöö (1926–1975), deren Kommissar Martin Beck zwischen 1965 und 1975 einmal im Jahr einen Kriminalfall lösen musste.

Sjöwall und Wahlöö wollten in ihren Büchern nicht nur beschreiben, wie Mörder überführt werden. Sie schauten genau hinter die scheinbar perfekte Fassade des schwedischen Wohlfahrtsstaats und zeigten, dass Schweden nicht nur der Musterstaat war, für den er allenthalben gehalten wurde.

In ihren ersten Romanen, „Die Tote vom Götakanal" und „Der Mann, der sich in Luft auflöste", verabreichte das Autorenduo seine Sozialkritik noch in kleinen Dosen. Doch in den folgenden Büchern wurden die Krimischriftsteller deutlicher: Nicht das Verbrechen, sondern seine gesellschaftlichen Ursachen standen im Mittelpunkt der Romane. Trotzdem begingen Sjöwall und Wahlöö nie den Fehler, mit erhobenem Zeigefinger auf ihre Leser loszugehen. Letztendlich blieben ihre Romane immer vor allem eines: spannende Krimis. Deswegen sind die Bücher auch heute noch lesbar – je nach Gusto kann man sie als Sozialstudien der schwedischen Gesellschaft der 1960er- und 1970er-Jahre oder eben einfach als mitreißende Thriller konsumieren.

Der Band „Endstation für neun", 1968 in Schweden und 1971 in Deutschland erschienen, erhielt übrigens den weltweit renommierten Edgar Allan Poe Award.

Zündhölzer und Bibel

Am Südufer des Vättern liegt Jönköping. Zu Beginn des 20. Jahrhunderts wurden gut 60 Prozent der weltweit verkauften Streichhölzer hier produziert. Doch diese Zeiten sind vorbei. Die Konkurrenz aus Asien ist billiger. Selbst der Allmächtige im Himmel konnte da nicht helfen. Und das, obwohl man in Jönköping einen besonders guten Draht nach oben hat. Wegen der vielen hier ansässigen Freikirchen und der besonders gläubigen Bevölkerung wird Jönköping auch „Schwedens Jerusalem" genannt und als Zentrum des „Bibelgürtels" bezeichnet. Das schlägt sich im Wahlverhalten nieder: Die konservative Kristdemokraterna, die sich beispielsweise gegen die Homoehe ausspricht, kommt in Jönköping bei den Reichstagswahlen regelmäßig auf zehn bis 15 Prozent der Stimmen. Im Landesschnitt sind es bestenfalls fünf.

Die grünste Stadt Schwedens

Weiter im Süden liegt Växjö, die grünste Stadt Schwedens. Mittelfristig strebt man an, ganz ohne fossile Brennstoffe auszukommen. Schon jetzt stammt mehr als die Hälfte der Energie, die die Stadt verbraucht, aus erneuerbaren Quellen. Dies blieb auch der EU nicht verborgen, die Växjö 2007 mit dem „Sustainable Energy Europe Award" auszeichnete.

Die ausgefallensten Unterkünfte

Ungewöhnlich übernachten

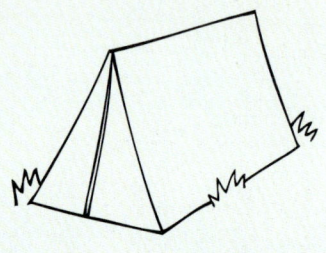

Gute Hotels findet man in Südschweden zuhauf. Doch auch wer auf der Suche nach einem bequemen und ausgefallenen Nachtquartier ist, wird fündig. Erfahren Sie, wo!

3 In luftiger Höh' (1)

Vesterås scheint Schwedens Zentrum für skurrile Unterkünfte zu sein. Dort kann man nicht nur auf dem See originell übernachten, sondern auch mitten im Stadtpark. Hoch oben in einer 350 Jahre alten Eiche wurde ein einfaches Baumhaus angebracht: Das Hotell Hackspett erreichen Gäste nur mithilfe eines Bergsteigers, der diese nach oben bringt. Zehn Meter über Grund ist man dann beides: ungestört und doch mittendrin. Die Spaziergänger im Park sind einerseits ganz nah, andererseits aber doch herrlich fern.

Buchung beim Turistbyrå Västerås, Tel. 021 39 01 00 www.vasterasmalar staden.se

4 In luftiger Höh' (2)

Bei Anne-Charlotte Ottoson in Ugglum (zwischen Falköping und Skara) kann man luxuriös in zwei Baumhäusern übernachten. Diese sehen zwar aus wie viele andere Holzhäuschen in Schweden auch, rot mit weißen Fenstern, schweben aber in sechs Metern Höhe zwischen den Ästen einer wuchtigen Eiche. Lediglich auf eine Dusche muss man in den ansonsten komplett ausgestatteten Baumhäusern verzichten: Wie in alten Zeiten steht das Waschwasser in einer Porzellanschüssel bereit.

Tel. 0515 72 03 84 www.islanna.com

1 Auf Tauchstation (1)

Schlafen unter Wasser, das kann man im Mälarsee vor Vesterås. Wenn man sich mit dem Boot dem Utter Inn, dem „Hotel des Otters", nähert, muss man sich erst mal die Augen reiben, bevor man glaubt, was man da sieht. Mitten im See scheint Pippi Langstrumpf in einer winzigen stilecht rot gestrichenen Schwedenhütte zu wohnen. Das Häuschen ist mit Seilen am Grund festgemacht. Luxus gibt es hier nicht, oben im „Erdgeschoss" kann man auf einem Gaskocher das Kaffeewasser kochen. Darunter – drei Meter unter der Wasseroberfläche – liegt das Schlafzimmer, durch dessen Fenster einem die Fische eine gute Nacht wünschen. Und draußen auf einer kleinen Veranda sonnt man sich im Liegestuhl und vergisst den Stress des Alltags.

Buchung beim Turistbyrå Västerås, Tel. 021 39 01 00 www.vasterasmalar staden.se

2 Auf Tauchstation (2)

Eine luxuriösere Alternative bietet das Ooops Hotell, ein paar Kilometer vom Utter Inn entfernt. Hier wohnt man in einem scheinbar untergehenden Haus. Was von draußen lebensbedrohlich wirkt, bietet drinnen erstaunlichen Komfort.

Buchung beim Turistbyrå Västerås, Tel. 021 39 01 00 www.vasterasmalar staden.se

5 Im Flieger

Früher flog er hoch über den Wolken, inzwischen aber hat er sich auf sein Altenteil zurückgezogen. Und zwar an einem Ort, der für ein Flugzeug mehr als standesgemäß ist: Der ausrangierte und zu einem Hostel umgebaute Jumbojet steht am Flughafen von Stockholm-Arlanda. Einfache Mehrbettkabinen gibt es ebenso wie eine luxuriöse Suite, die – wie sollte es anders sein? – im ehemaligen Cockpit liegt.

Jumbostay, Jumbovägen 4
19047 Stockholm-Arlanda
Tel. 08 59 36 04 00
www.jumbostay.com

6 Hinter schwedischen Gardinen …

… will niemand gerne wohnen – außer man hält den Schlüssel zum eigenen Zimmer in den Händen. Auf der Insel Långholmen am Rande der Stockholmer Innenstadt lag bis 1975 Schwedens größtes Gefängnis mit mehr als 500 Zellen. Inzwischen wird der Aufenthalt hier jedoch in Tagen und nicht in Monaten oder gar Jahren bemessen. Und man kann wählen, ob man in einem Drei-Sterne-Hotel oder einem Hostel übernachten will. Dass das Gebäude früher ein Gefängnis war, erkennt man auch heute noch. Aber macht das nicht gerade seinen eigentümlichen Charme aus?

Långholmsmuren 20
10272 Stockholm
Tel. 08 7 20 85 00
www.langholmen.com

7 An Bord

Auf hoher See hat früher der 1888 erbaute Dreimaster „af Chapman" gegen die Wellen gekämpft. Ums Kap Hoorn und ums Kap der Guten Hoffnung ist er gefahren. Jetzt liegt das Schiff in Stockholm vor Anker und dient dort als Jugendherberge. Mit dem besten Blick, den die Stadt zu bieten hat: direkt gegenüber dem Schloss.

Flaggmansvägen 8
11149 Stockholm
Tel. 08 4 63 22 66
chapman@stfturist.se

8 Unter Tage

155 Meter unter der Erde schläft man in einem zur Suite ausgebauten Stollengang des einstigen Bergwerks. Bis Mitte des 20. Jahrhunderts baute man in Sala Silber ab, heute können Besucher die Schächte im Rahmen von Führungen besuchen und im „tiefsten" Hotelzimmer der Welt übernachten. Klaustrophobie sollte man nicht haben, dafür aber einen gut gefüllten Geldbeutel. Die außergewöhnliche Nacht kostet knapp 500 Euro – Romantik-Dinner inklusive.

Sala Silberbergwerk
Tel. 0224 67 72 50
ww.salasilvergruva.se

Zwischen Meeresstrand und großen Seen

Die Landkarte von Halland, Götaland und Småland zeigt Tausende kleiner blauer Punkte auf: Sie stellen Seen dar. Wer das Wasser mag, fühlt sich hier wohl. In der Nähe von Göteborg gibt es sogar einen Unterwasserlehrpfad für Schnorchler.

❶ Halmstad

Halmstad (58 500 Einw.), Heimatort der Popgruppe Roxette, ist stolz auf Schwedens längsten Sandstrand.

SEHENSWERTES
Das **Schloss** (1615) am Nissan, heute Sitz der Provinzregierung, ist nicht zugänglich. Davor liegt das 1897 vom Stapel gelaufene **Segelschiff Najaden** vor Anker. Die unweit von hier stehende Monumentalskulptur **„Der Frauenkopf"** nach einem Entwurf von Pablo Picasso stammt von einem norwegischen Künstler. Den Marktplatz ziert der Brunnen **„Europa mit**

Varberg ist für das Kallbadhus (oben), ein orientalisch anmutendes Sauna- und Badeparadies berühmt, Tylösand für seinen Strand (rechts).

dem Stier" vom schwedischen Bildhauer Carl Milles. In **Tylösand**, Vorort von Halmstad, liegt der lange Stadtstrand; noble Villen prägen die Szenerie des „schwedischen St. Tropez".

MUSEEN
Das regionale Kunst- und Kunsthandwerksmuseum **Hallands konstmuseum** (Tollsgatan, www.hallandskonstmuseum.se, Di.–So. 12.00–16.00, Mi. bis 20.00 Uhr) bietet neben der permanenten Sammlung spannende Wechselausstellungen. Am nördlichen Stadtrand liegt das Freilichtmuseum **Hallandsgård** mit alten Holzhäusern aus der Region (Galgberget, ganzjährig rund um die Uhr geöffnet).

UMGEBUNG
In **Falkenberg** (40 km nördl.) ist die Altstadt beachtenswert. Im Sommer steuern Besucher dort den 8 km langen Sandstrand an.

INFORMATION
Halmstad turistbyrå, Köpmansgatan 20
30242 Halmstad, Tel. 035 12 02 00
www.destinationhalmstad.se

❷ Varberg

Seit dem 19. Jh. firmiert Varberg (27 500 Einw.) als Kurort. Auch heute ist die Dichte an Wellnesshotels durchaus beeindruckend.

SEHENSWERT
Hauptattraktion ist die das Kattegat überblickende **Festung** (13. Jh.). Vom 17. Jh. bis 1931 wurde sie als Gefängnis benutzt. Heute ist im ältesten Teil das **Länsmuseum**, das historische Museum der Stadt, untergebracht (www.hkm.varberg.se, Mitte Juni–Aug. tgl. 10.00 bis 18.00 Uhr, sonst Di.–So. 12.00–16.00 Uhr). Bekanntestes Ausstellungsstück ist eine Moorleiche aus dem 14. Jh. Das **Kallbadhus** (Sa., So. 9.00–17.00, Mi. 13.00–20.00, Sommer tgl. 10.00–17.00/18.00, Mi. bis 20.00 Uhr) mit seiner orientalischen Fassade kann von Wasserratten und Saunafreunden das ganze Jahr über genutzt werden.

INFORMATION
Varberg turistbyrå, Brunnsparken, Box 150
43224 Varberg, Tel. 0340 8 68 00
www.marknadvarberg.se

Tipp

Auf Schafsafari in Öströö

Bei Bauer Carlsson aus Öströö dreht sich alles um Schafe. Er hat aus seinem Hof einen „Schaferlebnispark" gemacht, in dem man zusehen kann, wie Hütehunde die Schafe zusammentreiben. Zuschauen ist auch beim Scheren möglich, streicheln darf man Schafe und Lämmer sowieso. Besonders für Kinder ist Öströö einen Ausflug wert. Zum Bauernhof gehört ein Restaurant.
Öströö Vårfarm
Tel. 0340 4 50 36, 43277 Tvååker
www.ostroofarfarm.com

❸ Göteborg

Göteborg (523 000 Einw.) ist die zweitgrößte Stadt und der größte Hafen Schwedens. Im 18. Jh. fuhren von hier aus die Schiffe der ostindischen Kompanie hinaus in die Welt. Im 20. Jh. stieg Göteborg zur wichtigsten Industriestadt Schwedens auf, bevor die Werftenkrise in den 1970er-Jahren Göteborg schwer traf.

SEHENSWERTES

Im Maritimen Zentrum **„Maritiman"** (www. maritiman.se, April Sa., So. 11.00–16.00, Mai, Sept. tgl. 11.00–17.00, Juni–Aug. tgl. 10.00 bis 18.00 Uhr) in der Nähe der Götaälvbron liegen mehrere Museumsschiffe vor Anker (u. a. auch ein U-Boot). Aus dem Panoramacafé des **„Göteborgs Utkiken"** kann man aus 86 m Höhe einen Überblick über Stadt und Hafen gewinnen. Das **Kronhuset** von 1655 (Postgatan 6–8), einst Zeughaus der Artillerie, ist das älteste erhaltene weltliche Gebäude der Stadt. Heute beherbergt es eine Konzerthalle, Läden, Handwerksbetriebe, Cafés und Restaurants. Am **Gustav Adolfs torg** befindet sich das Rathaus, 1672 erbaut von Nicodemus Tessin d. Ä. Die Statue in der Mitte des Platzes erinnert an den Stadtgründer König Gustav II. Adolf. Entlang der **Kungsportsavenyn**, der Flaniermeile der Stadt, passiert man das Große Theater von 1859 und den **Park der Botanischen Vereinigung** (www.tradgardsforeningen.se, Mai–Sept. tgl. 7.00–20.00, Okt.–April tgl. bis 18.00 Uhr) mit Palmenhaus, Rosengarten und Schmetterlingshaus. Am **Götaplatsen** steht der **Poseidonbrunnen** von 1931.
Am Rosenlundskanalen am Rande des Stadtzentrums erreicht man den **Fischmarkt**. Die mehrgieblige Markthalle wird „feskekörka", **Fischkirche**, genannt. Der ehemalige Arbeiterstadtteil **Haga**, heute Heimat vieler Künstler und Intellektueller, lädt mit seinen kleinen Häusern zum Flanieren und gemütlichen Einkaufsbummel ein.

MUSEEN

Im **Kunstmuseum** (Götaplatsen, www.konst museum.goteborg.se, Di., Do. 11.00–18.00, Mi. 11.00–20.00, Fr.-So. 11.00–17.00, Juni–Aug. auch Mo. 11.00–18.00 Uhr) sind Werke skandinavischer und berühmter europäischer Meister (u.a. Rembrandt, Rubens, van Gogh, Cezanne und Picasso) ausgestellt. Das **Seefahrtsmuseum** (Karl-Johansgatan 1–3, Di.–So. 10.00 bis 17.00, Mi.–20.00 Uhr, www.sjofartsmuseum. goteborg.se) gibt einen Überblick über vier Jahrhunderte schwedische Seefahrergeschichte und widmet sich in einem Aquarium schwerpunktmäßig der Meeresfauna der Ostsee. Das **Stadsmuseum** im Ostindiska huset beherbergt umfassende Sammlungen zur Geschichte Göteborgs und Westschwedens (www. stadsmuseum.goteborg.se, Norra Hamngatan 12, Di.–So. 10.00–17.00, Mi. bis 20.00 Uhr).

AKTIVITÄTEN

An der Brücke am Wallgraben legen die Paddaboote zu Touren ab. Auf der etwa einstündigen **Rundfahrt** mit der „Kröte" (schwedisch

Karolinska Gymnasium in Växjö (oben links); Palmenhaus im Park der Botanischen Vereinigung von Göteborg (oben rechts); Dampfer auf dem Vättern in Jönköping (links)

INFORMATION

Göteborgs turistbyrå
Mässans gata 8, 840120 Göteborg
Tel. 031 3 68 42 00, www.goteborg.com

„Padda") lernt man Göteborg vom Wasser aus kennen. An schönen Tagen empfiehlt sich eine Bootsfahrt zur **Inselfestung Nya Älvsborg** (17. Jh.). Die Schiffe legen an der Skeppsbron beim Stora Hamnkanalen ab (www.stromma. se/Alvsborgs-fastning). Ein besonderes Erlebnis ist der Besuch der **Insel Stora Amundön** TOPZIEL (DuMont Aktiv, S. 67).

HOTEL

€ € / € € € **Barken Viking** (Lilla Bommens torg 10, Tel. 031 63 58 00, http://barkenviking.com) bietet auf einem Viermaster Hotelzimmer von klein bis geräumig. Das Deckrestaurant ist im Sommer auch Treffpunkt der Einheimischen.

RESTAURANTS

Der € € € € **Fiskekrogen** (Tel. 031 10 10 05, Lilla torget 1, www.fiskekrogen.se) ist das vielleicht beste Fischrestaurant Göteborgs. Der Service schwächelte zuletzt etwas.
Die Menüs des Sternelokals € € € € **Koka** (Tel. 031 7 01 79 79, Viktoriagatan 12, www.restau rangkoka.se, So. geschl.) schicken Besucher auf eine kulinarische Reise durch Westschweden.

UMGEBUNG

Schloss Tjölöholm, (42 km südl., www.tjolo holm.se) wurde zu Beginn des 20. Jhs. mittelalterlichen Vorbildern nachempfunden. Der Bauherr, ein reicher Göteborger Kaufmann, stattete sein Haus mit allerlei modernen technischen Geräten aus, darunter der älteste Staubsauger Schwedens, den man heute im Wagenmuseum besichtigen kann (nur mit Führungen: Mitte Juni–Mitte Aug. tgl. 11.00–16.00 Uhr stündl., Mitte Mai–Mitte Juni 11.00–15.00 stündl., Mitte bis Ende Aug. 12.00, 13.30 u. 15.00 Uhr, sonst nur an Wochenenden; im Sommer Touren auf Englisch, sonst nur Schwedisch).

❹ Borås

Die alte Textilstadt Borås (66 000 Einw.) knüpft mit großen Kaufhäusern und mehreren Outletstores an die lange Handelstradition an.

SEHENSWERT

Im **Freilichtmuseum** (Ramnaparken, Mitte Mai–Mitte Sept. Di.–So. 11.00–16.00 Uhr) beeindrucken historische Holzhäuser, u. a. eine Kirche vom Ende des 17. Jhs. Das **Textilmuseum** zeigt ihre Spinn-, Web- und Zwirnmaschinen (Skaraborgsvägen 3 a, Juni–Aug. Di.–So. 12.00 bis 16.00 Uhr. Sept.–Mai Di. 12.00–20.00, Mi. bis Fr. 12.00–17.00, Sa., So. 12.00–16.00 Uhr).

UMGEBUNG

In **Hedared** (17 km nordwestl.), steht die einzige Stabkirche Schwedens. **Schloss Torpa** (25 km südl.), erbaut im 15. Jh., besitzt eine sehenswerte barocke Kapelle von 1699 (www. torpastenhus.se, Mai–Mitte Juni Sa., So. 11.00 bis 17.00, Mitte Juni–Ende Juni tgl. 11.00 bis 17.00 Uhr). Im Gårdsbutik (Hofladen) kann man sich mit Wildspezialiäten eindecken.

INFORMATION

Borås turistbyrå, Sven Eriksonsplatsen 3
50338 Borås, Tel. 033 35 70 90
www.vastsverige.com/sv/boras/

❺ Jönköping

Jönköping (90 000 Einw.) ist als Stadt des Zündholzes bekannt.

MUSEEN

Heute erinnert das **Streichholzmuseum** an die Blütezeit der Stadt (Tändsticksgränd 27, www.matchmuseum.se, Juni–Aug. Mo.–Fr. 10.00–17.00, Sa., So. 10.00–15.00, Sept.–Mai Di.–So. 11.00–15.00 Uhr). Das **Provinzmuseum** (Dag Hammarskjölds plats 2, www.jkpglm.se, Di., Do., Fr. 12.00–19.00, Mi. 12.00 bis 21.00, Sa., So. 11.00–15.00, Juni–Mitte Aug. Mo.–Fr. 10.00–17.00, Sa., So. 11.00–15.00 Uhr) ist stolz auf die größte Sammlung von Gemälden des in Schweden populären Malers John Bauer, der 1882 in Jönköping geboren wurde.

UMGEBUNG

Gränna (39 km nördl.) ist Heimat der „polkagrisar", einer langen gestreiften Zuckerstange. Von hier kommt auch Ballonfahrer S. A. Andree, der 1887 versucht hatte, den Nordpol im Fesselballon zu erreichen. Erst 33 Jahre später fand man Überreste der gescheiterten Expedition, heute zu besichtigen im Grenna Museum (Brahegatan 38/40, Grenna Kulturgård, www.grennamuseum.se, Juni–Aug. tgl. 10.00–18.00, sonst 10.00–16.00 Uhr). Die 14 km lange **Insel Visingö** (Schiff ab Gränna, www.visingso.net/farjetrafiken) mit prachtvoller Brahekirche aus dem 17. Jh., prähistorischen Gräberfeldern und schönen Badestränden ist ein beliebtes Ausflugsziel.

INFORMATION

Jönköpings Turistbyrå, Södra Strandgatan 13 55189 Jönköping, Tel. 036 10 50 50, www.jonkoping.se

 6 Växjö

Växjö (61 000 Einw.) ist die Hauptstadt von Kronobergs Län. Noch heute zählt die Region zu den ärmsten in Schweden. Im 18. und 19. Jh. suchten daher viele Bewohner als Auswanderer in Amerika und Australien ihr Glück.

SEHENSWERT

Im Stadtzentrum erhebt sich am Stortorg der **Dom** mit zwei auffälligen spitzen Turmhelmen. Erbaut wurde er im 12. Jh., doch von der originalen Ausstattung ist wenig erhalten. Nebenan liegt der **Linnépark** mit Kräutergarten und dem Karolinska Gymnasium, in dem einst der berühmte Botaniker Carl von Linné zur Schule ging. Die Geschichte der schwedischen Auswanderung ist im **Haus der Auswanderer** dokumentiert (Vilhelm Mobergs gata 4, www.kulturparkensmaland.se, Di.–Fr. 10.00–17.00, Sa., So. 11.00–16.00, Juni–Aug. tgl. 10.00–17.00 Uhr); es zeichnet gleichzeitig ein Bild der schwedischen Gesellschaft im 18. und 19. Jh.

HOTEL

Die € € € **Villa Gransholm** (Gransholmsvägen 132, 36032 Gemla, Tel. 0470 6 76 65, www.villa gransholm.se), 15 km von Växjö entfernt, sieht aus wie ein Zauberschlösschen. Individuell eingerichtete Zimmer und ruhiger Hotelpark.

INFORMATION

Växjö turistbyrå, Residenset, Stortorget 35233 Växjö, Tel. 0470 73 32 80, www.vaxjo-co.se

Genießen   Erleben   Erfahren

Wandern unter Wasser

DuMont Aktiv

Die Insel Stora Amundön liegt nur 30 Minuten vom Stadtzentrum von Göteborg entfernt und ist mit ihrem Strandbad eines der beliebtesten Sommerausflugsziele der Städter. Vor der Insel kann man auf einem 200 Meter langen Unterwasserlehrpfad in die Welt der Ostsee eintauchen.

Naturlehrpfade gibt es viele. Meist führen sie durch Naturschutzgebiete oder Nationalparks. Vor der Insel Stora Amundön hat man im Sommer 2012 erstmalig in Schweden einen Lehrpfad unter Wasser eröffnet. Zwei bis drei Meter unter der Wasseroberfläche liegen dort zehn Stationen, die der „Wasser-Wanderer" abschwimmen kann und an denen er in Wort und Bild Informationen zur lokalen Meeresflora und -fauna bekommt. Weil das Wasser vor der Insel zumindest an windstillen Tagen glasklar ist, kann man das theoretisch gewonnene Wissen gleich in der Praxis anwenden und nach Fischen und Schalentieren Ausschau halten. Und die wird man durchaus finden, denn die warme Strömung vor Amundön lockt die Tiere an.

Bojen markieren den Weg. Damit man sich nicht „verschnorcheln" kann, hat man die einzelnen Stationen mit Schwimmbojen markiert und mit einer unter Wasser gespannten Leine verbunden. So ist der Unterwasserlehrpfad auch für Kinder und Jugendliche in Begleitung Erwachsener geeignet. Gut schwimmen müssen alle „Wanderer" natürlich können. Zwar ist an dieser Stelle das Wasser seicht, doch das offene Meer nicht weit. Weil der Schnorchelpfad ein so großer Erfolg ist, hat man weitere Lehrpfade eröffnet, u. a. in Rörvik, Ekenäs, Strömstad und in Tylösand.

Weitere Informationen

Anfahrt
Die Insel Stora Amundön liegt unbewohnt in einem Naturschutzgebiet, ist aber über einen Damm leicht zu erreichen. Von Göteborg aus nimmt man die Buslinie 58 und steigt an der Station „Brottkärr" aus; von dort ca. zehn Minuten zu Fuß.

Ausrüstung
Schnorchel und Taucherbrille (vor Ort gibt es keinen Verleih)

Vorsichtsmaßnahmen
Kinder nur in Begleitung Erwachsener, nicht bei starkem Wind und nie alleine schnorcheln!

Bucht im Naturpark Stora Amundön

Im Elch- und Hummerland

Für drei Tierarten schwärmen die Menschen in Westschweden und in der Region um den Vänersee besonders: Austern, Hummer und Elche. Gemeinsam ist ihnen, dass sie, sobald sie den Weg auf den Speiseteller gefunden haben, ausgezeichnet schmecken. Kraniche sind dagegen nur durchziehende Gäste. Sie bieten im Frühjahr am Hornborgasee südlich des Vänern ein faszinierendes Schauspiel.

Auf einer kleinen Halbinsel im Vänersee bei Lidköping erhebt sich Schloss Läckö. Besonders malerisch wirkt es vom Wasser aus.

Das Städtchen Skärhamn liegt auf Tjörn, Schwedens viertgrößter Insel. Ringsum breitet sich eine Schärenlandschaft von besonderer Schönheit aus, die diese Region an der Westküste für Touristen besonders anziehend macht.

Lysekil zeigt viele Seiten. Hafen und Ölraffinerie stehen für den Industriestandort, die noblen Villen an der Strandpromenade zeugen von einer Vergangenheit als Seebad, während die kleinen Häuschen in der Altstadt an eine Zeit erinnern, als hier überwiegend Fischer lebten.

Hauptattraktion von Lysekil ist das Meeresaquarium.

Über den blank polierten Fels auf der Insel Tjörn spazierend, kann man die eindrucksvolle Küstenlandschaft, Himmel, Meer und das ständig wechselnde Licht am besten aufnehmen.

Weltkulturerbe Tanum

Special

Felsritzungen der Bronzezeit

Jagdzauber, religiöse Motive oder Freude an der Kunst? Die Forschung ist sich uneins.

„Das Brautpaar" heißt die bekannteste Felsritzung aus der Bronzezeit (1800–400 v. Chr.) in der Nähe der Gemeinde Tanum.

An mehreren Fundstellen in der Gemeinde Tanum hat man Tausende Felsritzungen von faszinierender Schönheit entdeckt. Sie zeigen meist Menschen, Tiere und Schiffe. Alle Ritzungen sind mit roter Farbe ausgemalt und noch heute deutlich zu erkennen.

Ob sie bereits in der Bronzezeit ausgemalt waren, weiß man nicht. Auch über die Bedeutung der Kunstwerke kann man nur spekulieren. „Fruchtbarkeitssymbolik" oder „Motive einer vorchristlichen Religion" sind zwei Interpretationen, die uns die Wissenschaftler an die Hand geben. So bieten die zum UNESCO-Weltkulturerbe zählenden Felsritzungen der Fantasie viel Spielraum.

Die schwedische Westküste ist ein Paradies für Wasserratten. Die Inselwelt vor der Küste von Bohuslän zählt zu den besten Segelrevieren des Landes. Also: Segel setzen und dann hinaus aus dem Hafen zu Erkundungstouren durch die Inselwelt. Um auf die beiden größten Inseln der Westküste zu gelangen, benötigt man allerdings schon lange kein Boot mehr. Tjörn und Orust sind durch Brücken mit dem Festland verbunden, ihre Häfen perfekte Ausgangspunkte für Segeltouren in der Nordsee.

Kalte Wasserfreuden

Allein die Strände machen die Region zum perfekten Sommerurlaubsziel. Für einen Sprung ins Wasser muss man jedoch schon etwas abgehärtet sein – wärmer als 20 Grad Celsius wird das Wasser auch in heißen Sommern nicht. Genau das kalte Wasser brauchen indes Hummer und Austern, um zu Delikatessen zu werden. Wenn es kalt ist, wachsen sie langsamer, und das ist gut für den Geschmack. Besonders an der Küste nördlich von Göteborg fühlen sich die Schalentiere wohl. Der kleine Ort Grebbestad hat sich den Ruf einer Austern- und Hummermetropole erworben. Hier versteht man es, die kulinarischen Spezialitäten so richtig zu zelebrieren und widmet ihnen das ein oder andere Fest.

Die bunten Fischerhütten am Hafen sind das Markenzeichen von Smögen (oben).
Ähnlich weit oben in der Gunst der Besucher rangiert Fjällbacka.

Jedes Gasthaus, jedes Restaurant der Gegend
bietet Köstlichkeiten aus dem Meer.

Jedes Jahr im Frühling tragen die besten Austernöffner des Nordens in Grebbestad ihre Meisterschaft aus. 30 Austern müssen sie so schnell es geht öffnen und zum Verzehr anrichten. Beschädigungen der Schalen werden mit Punktabzügen geahndet. Wer entsprechende Ambitionen hat: Bei Everts Sjöbod, einem Restaurant in den Schären, kann man ein Kurs im Austernöffnen belegen.

Eine schwedische Auster kostet umgerechnet fast vier Euro, in Restaurants noch wesentlich mehr. Wer sparen will, kann auch Zuchtaustern aus Irland, Holland oder Frankreich wählen, die aber schmecken bei Weitem nicht so gut.

Am Südufer des Vänersees kommen Elche so häufig vor, dass man ihnen dort ein Museum gewidmet hat.

Im Herbst steht die Westküste im Zeichen des Hummers. Am ersten Montag nach dem 20. September wird hier die Hummerpremiere gefeiert. Jedes Restaurant, das was auf sich hält, hat dann Hummer im Angebot. Zur Hummersaison braut die örtliche Brauerei gar ein eigenes Bier.

Auf der Spur der Elche
Safaris ganz anderer Art kann man in der Gegend um den Halle- und den Hunneberg am Südufer des Vänersees unternehmen. In den Monaten Juli und August bietet man hier „Elchspotting" an, also eigene Fotosafaris. Die Chancen für gelungene Bilder stehen gut: Elche kommen so häufig vor, dass man ihnen ein eigenes Museum gewidmet hat – im „Kungajaktmuseet Älgens Berg" stehen sie im Mittelpunkt der Ausstellung. Seit den Tagen von Gustav Vasa haben die schwedischen Könige im Gebiet um den Vänern gejagt. Lange war die Jagd deswegen für das einfache Volk verboten und das hat dem Elchbestand offenbar gut getan.

Möwengeschrei, Windesrauschen, Glucksen der Boote, Hafengeruch, die Beine ausstrecken, an einem kühlen Getränk nippen: ein langer Sommernachmittag in Fjällbacka.

Im Morgenlicht landen die Fischer ihren Fang in Fjällbacka an.

Ziemlich abgehoben: Baumhaus bei Falköping (oben). Konzentrierte Arbeit an der Schleuse …

… erleichtert am Dalslandkanal den Kajakfahrern das Vorankommen. Hier bei Håverud wird der Kanal von einer wassergefüllten Trogbrücke überspannt.

Erstaunliche Landmarke: das Picasso-Denkmal an der Einfahrt zum Sporthafen von Kristinehamn, übrigens ein Original, das der Künstler höchstpersönlich der Stadt 1964 schenkte.

Nur noch an wenigen Tagen im Jahr donnert Trollhättans Wasserfall in alter Pracht 30 Meter in die Tiefe. Den größten Teil des Jahres wird das Wasser in Druckstollen umgeleitet, wo es Turbinen antreibt.

Riese mit Kuschelohren

Warum lieben die Deutschen die Elche so? Liegt es an den großen Kuschelohren oder der weichen Schnauze, die der Elch scheinbar ständig kussbereit in den Wind hält? Dabei dienen Ohren wie Mund eigentlich einem ganz anderen Zweck, als dem, süß auszuschauen. Als Waldtier ist der Elch auf sein Gehör und damit auf große Lauscher angewiesen. Und mit der „Muffel", wie der Fachmann die Schnauze bezeichnet, schält er die Rinde vom Baum. Für die Schweden freilich ist der Elch eine ganz normale Hirschart, deren einzige Besonderheit ihre Größe ist: Elchbullen können bis zu 500 Kilogramm schwer und bis zu 2,20 Metern groß werden.

Während die Schweden die meiste Zeit des Jahres über die Elchbegeisterung anderer nur milde lächeln, verwandeln sie sich im Oktober selbst in Elchverrückte. Dann beginnt die Jagdsaison, und viele schwedische Männer verschwinden im Wald. Die Elchjagd ist das wichtigste Ereignis des Jahres, das selbst der König niemals verpasst. Jeder passionierte Jäger, der es einrichten kann, nimmt sich zu dieser Zeit Urlaub und geht mit dem Gewehr in der Hand auf die Pirsch. Rund 90 000 Tiere werden pro Saison geschossen, ohne dass sich dadurch ihr Gesamtbestand verringert.

See der Kraniche

Der Vänern ist Schwedens größter See. Nur ein paar Kilometer weiter im Süden liegt der kleine Hornborgasjö. Diesen See kennt man eigentlich nur, wenn man sich für Vögel und insbesondere für Kraniche interessiert. Denn hier wird jedes Jahr im Frühjahr ein ganz besonderes Schauspiel geboten: Tausende von Kranichen machen Rast, bevor sie weiter zu ihren Brutplätzen in den Norden fliegen. Dass sich die Vögel an dem See so wohl fühlen, haben sie indirekt dem Menschen zu verdanken. Seit Anfang des 19. Jahrhunderts versuchte man den Hornborgasjö trockenzulegen, um mehr Ackerfläche zu gewinnen. Gelungen ist dies nicht wirklich, bei den Frühjahrsfluten liefen die Trockenflächen immer wieder mit Wasser voll. Dort Felder anzulegen, war schlichtweg unmöglich, und so versumpfte und verwilderte das Gebiet. In den 1980er-Jahren beschloss man die Renaturierung und hob den Wasserspiegel wieder an. Heute ist das Wasser an der tiefsten Stelle nicht einmal einen Meter tief, genau das aber ist für die Kraniche ideal. Im Frühjahr sind mehr Zuschauer als Akteure am See: etwa 20 000 Kraniche werden von 150 000 Menschen beobachtet.

Den Alltag vergessen

Obwohl in Schweden die Natur eine große Rolle spielt, haben Bohuslän, Dalsland und Västergötland mehr zu bieten als „nur" Fauna. Es sind die Menschen, die die Region geprägt haben und die Reise in den Westen Schwedens zu einem besonderen Erlebnis machen. Sei es das Lächeln einer Kellnerin, der trockene Witz eines Fischers oder das nette Wort eines Rentners, der dem Fremden den Weg weist – die entspannte Freundlichkeit der Einheimischen lässt den Touristen schnell den Alltagsstress vergessen.

Ein unvergesslicher Anblick: Am Hornborgasee machen jährlich Tausende von Kranichen Rast.

UMWELTSCHUTZ AM VÄNERSEE

Schwedens größte Badewanne

Schweden erklärte 1909 als erstes Land in Europa neun Gebiete zu Nationalparks. Heute zählt man 29 Nationalparks. 2010 hat die UNESCO den Vänersee als besonders schutzwürdig eingestuft.

Freizeitvergnügen auf dem Vänersee für alle Ansprüche, sei es mit dem Boot oder das am Lagerfeuer gekochte Pilzgericht.

Der Vänersee ist der größte See Schwedens und nach dem Ladoga- und dem Onegasee der drittgrößte See Europas. Seine Uferlinie ist ca. 2000 Kilometer lang, seine größte Tiefe beträgt 106 Meter und rund 22 000 Inseln verteilen sich über die 5519,1 Quadratkilometer große Wasserfläche. Wer am Ufer des Sees steht, hat an vielen Orten den Eindruck, er blicke hinaus auf ein Meer – und während der letzten Eiszeit war der Vänern tatsächlich noch ein solches. Erst als sich die Gletscher zurückzogen und das Eis abschmolz, hob sich das Land. Aus der Meeresbucht wurde ein See.

Der zornige Riese

Die Legende weiß freilich eine andere Geschichte zu erzählen. Ihr zufolge hat ein zorniger Riese den Vänern und den Vättern, die beiden größten schwedischen Seen, geschaffen. Der Riese wollte mit einem Pflug sein Feld bestellen. Dabei muss er sich aber ziemlich tolpatschig angestellt haben, bekam er doch keine einzige Furche hin. Wutentbrannt riss er schließlich zwei riesige Erdstücke aus dem Boden und schleuderte sie weit weg in Richtung der Ostsee. Die Löcher, die so entstanden, füllten sich – sehr zur Freude heutiger Touristen – allmählich mit Wasser und bildeten den Vänern und den Vättern, während aus den Erdbrocken die beiden größten schwedischen Inseln, Öland und Gotland, entstanden.

Berühmtes Naturidyll ist der Kinnekulle-Nationalpark (links). Die Schafe übernehmen die Landschaftspflege (oben).

Auszeit am Vänern

Der Vänern gehört zu den beliebtesten Urlaubszielen im Landesinneren. Die Besucher kommen hierher, um zu baden, zu segeln und Kanu zu fahren. Sie besuchen Sehenswürdigkeiten wie Schloss Läckö, gehen am Halle- und am Hunneberg auf Elchsafari, besteigen den Berg Kinnekulle und umrunden auf einem langen Fahrradweg den See.

Nationalpark im See

Wie überall, wo der Mensch die Natur für seine Zwecke nutzen will, stellt sich aber auch am Vänern die

Erst als sich die Gletscher zurückzogen und das Eis abschmolz, hob sich das Land. Aus der Meeresbucht wurde der Vänersee.

Einfache Ferienhütten
sind oft die einzigen
Domizile fern der
Zivilisation (oben). Flora
auf Torsö, der größten
Insel im See (unten).

Frage, wie man wirtschaftliche bzw. touristische Nutzung auf der einen und Umweltschutz auf der anderen Seite verbinden kann. Im europäischen Vergleich zählen die Schweden zu den Vorreitern in Sachen Natur- und Umweltschutz. 1,4 Prozent der Landesfläche sind in Schweden als Nationalpark ausgewiesen, zählt man die über 3000 Naturschutzgebiete hinzu, stehen beachtenswerte zwölf Prozent der gesamten Landesfläche unter besonderem Schutz.

Auch das Schärengebiet rund um die Insel Djurö mitten im Vänern ist seit 1991 Nationalpark, der die hiesige reiche Vogelwelt schützen soll. Wenn von April bis Juli Fischadler, Baumfalken, Austernfischer oder Mantelmöwen brüten und ihre Jungen aufziehen, darf man große Teile des Archipels nicht betreten. Djurö und seine Nachbarinsel wirken, als

würden sie nicht in einem See, sondern mitten in der Ost- oder Nordsee liegen. Die kahlen Klippen und weiten Felsstrände kennt man so eigentlich nur von Meeresinseln. Auch das macht den Vänern und Djurö zu etwas Besonderem.

Umwelt und Tourismus

Auch der UNESCO ist dies nicht verborgen blieben. Im Juni 2010 hat sie den Vänersee als besonders schutzwürdig eingestuft und zusammen mit seinem Schärengarten und dem Berg Kinnekulle am Ostufer zum Biosphärenreservat ernannt. Im Unterschied zum Nationalpark sind in einem Biosphärenreservat neben dem Naturschutz auch die „wirtschaftliche und gesellschaftliche Entwicklung" von Interesse. Das heißt, es müssen Möglichkeiten gefunden werden, wie man die Natur schützen kann, ohne die wirtschaftliche Entwicklung einer Region zu behindern. Mehr noch: Umweltschutz soll sich finanziell lohnen. Im Falle des Vänersees erfolgt beispielsweise der Holzeinschlag am Ufer mit nur minimaler Beeinträchtigung der Natur. Im touristischen Sektor werden Anbieter unterstützt, die ökologisch nachhaltige Angebote machen. In einem ersten Schritt haben sich so mehr als 20 Unternehmen aus der Tourismusbranche zu einem „Ökonetzwerk" zusammengeschlossen.

Weitere Informationen

....

Nationalparks in Schweden
www.naturvardsverket.se

Insel Djurö
keine Fähre, nur mit (eigenem) Boot erreichbar

Ökotourismus
www.vastsverige.com/de

Einst war der Vänersee eine Meeresbucht. Das Gefühl von Weite vermittelt er heute noch. 35 Fischarten kommen hier vor und so mancher angelt sich seinen Lachs, Zander oder Hecht selbst.

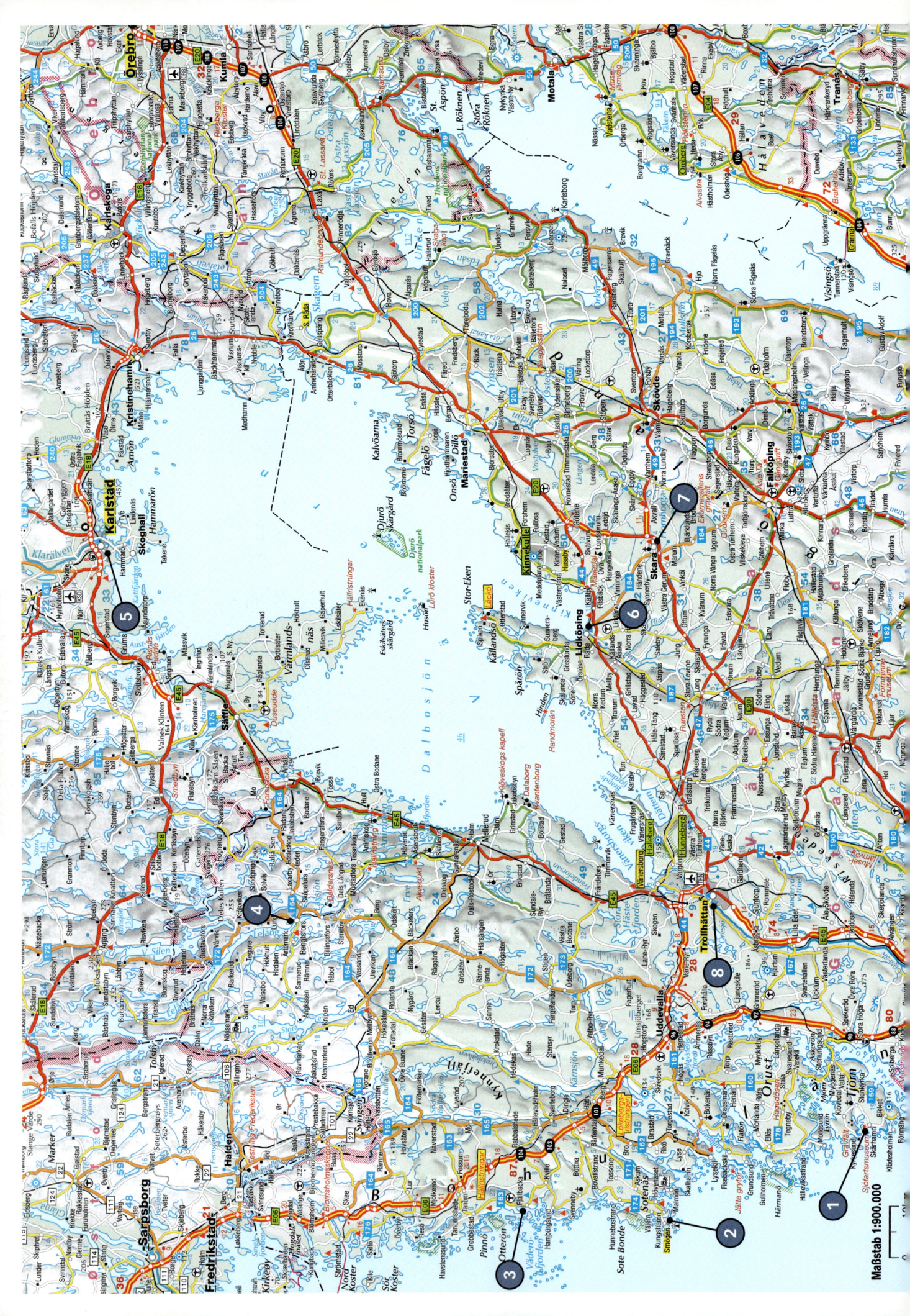

Ferienland am Wasser

Das Meer und Schwedens größter See, der Vänern, prägen das Gesicht der Region. Alle größeren Städte und Touristenorte liegen wassernah. Freizeitkapitäne sind auf dem Meer unterwegs oder tuckern durch den Göta- oder den Dalslandkanal.

❶ Skärhamn

Skärhamn (3200 Einw.) ist der größte Ort der Inseln Tjörn und Orust. Da die Eilande sehr nah am Festland liegen und durch Brücken mit diesem verbunden sind, nimmt man den Inselcharakter als Autofahrer wenig wahr.

SEHENSWERT
Die Natur mit tief eingeschnittenen Fjorden und vorgelagerten **Schären** gehört zu dem Schönsten, was die ohnehin schon spektakuläre schwedische Westküste zu bieten hat. In Skärhamn kann man das **Nordiska Akvarellmuseum** besuchen (www.akvarellmuseet. org, Di.–So. 12.00–17.00, Mitte Mai–Sept. Mo. bis So. 11.00–18.00 Uhr, Museumscafé direkt am Wasser).

AKTIV
Im August findet hier Schwedens größte **Segelregatta** statt, die einmal rund um Tjörn führt (www.stss.se).

UMGEBUNG
Die autofreie **Insel Marstrand** ist der Urlaubsort der Reichen. Früher dümpelten die Fischerboote im Hafen, heute sind es die großen Jachten der schwedischen High Society. Überragt wird der Ort von der Festung Carlsten, die 1860 nach 200-jähriger Bauzeit fertiggestellt wurde.

INFORMATION
Tjörns turistbyrå
Kroksdalsvägen 1, 47180 Skärhamn
Tel. 0304 60 10 16
www.bastkusten.se

Tipp

Kriminalistischer Stadtspaziergang

Fjällbacka ist durch die Krimis von Camilla Läckberg (geb. 1974) auch international bekannt geworden. **„Läckberg-Führung"** bringen die Autorin und ihren Geburtsort näher (ganzjährig Fr., Sa. 17.00 Uhr, Vorausbuchung bei der Touristinformation).

❷ Smögen

Malerische bunte Holzhäuser am Hafen: So stellt man sich einen typischen schwedischen Küstenort vor. Da dies folgerichtig viele Touristen anlockt, ist Smögen (1300 Einw.) im Sommer – wiederum ganz untypisch für Schweden – sehr überlaufen.

SEHENSWERT
Boutiquen, Cafés, Eisbuden und Restaurants findet man in reicher Auswahl. Mit dem **Strög**, einer 100 m langen Fußgängerzone auf Holzplanken über dem Wasser, hat man ein Shoppingparadies am Meer geschaffen.

UMGEBUNG
Lysekil (50 km südöstl.) an der schwedischen Westküste zeichnet sich durch seine prachtvollen Holzvillen und das Havets hus aus, das größte Meerwasseraquarium des Landes. Highlight ist der Glastunnel, durch den die Besucher unter den Fischen hindurch gehen können (Strandvägen 9, www.havetshus.se, Feb. bis Juni u. Mitte Aug.–Okt. tgl. 10.00–16.00, Mitte Juni–Mitte Aug. tgl. 10.00–18.00, Okt., Dez. Sa., So. 10.00–16.00 Uhr).

INFORMATION
Sotenäs turistbyrå
Parkgatan 46, 45631 Kungshamn
Tel. 0523 66 55 50, www.sotenasturism.se

❸ Fjällbacka

Für viele Schweden ist der kleine Ort Fjällbacka (900 Einw.) der Inbegriff von Sommerurlaub und Ferien am Meer.

SEHENSWERT
Das **Ingrid-Bergman-Denkmal** in der Ortsmitte erinnert an die in Stockholm geborene Schauspielerin (1915–1982). Sie hatte hier auf der Insel Dannholmen ein Ferienhaus.

UMGEBUNG
In der Austernhauptstadt **Grebbestad** (13 km nördl.) bieten die zahlreichen Restaurants Schalentiere aller Art an. Hier kann man an Austernsafaris teilnehmen, Anfang Mai den Teilnehmern bei der Meisterschaft im Austernöffnen zujubeln und eine Austernakademie besuchen. Im Herbst steht der Hummer im Mittelpunkt (s. S. 83). In **Tanum** TOPZIEL (16 km

Blick auf Lysekil und seine Kirche (oben), Abendstimmung über Fjällbacka, dem Vorzeigeort an der Westküste (unten)

nördl.) sind Felsritzungen aus der Bronzezeit zu besichtigen, die zum Weltkulturerbe der UNESCO zählen (s. Special, S. 71).

RESTAURANTS
Direkt am Hafen von Grebbestad gelegen, bietet € € **Q skär** (Grebbestadbryggan, Tel. 0525 6 17 18, www.qskar.se) besten Meerblick und frische Fischgerichte.
Das € € **Restaurang Telegrafen** (Nedre Långgatan 28, Tel. 0525 1 01 67, www.telegrafen.info) liegt im Herzen von Grebbestad. Das einfach und geschmackvoll eingerichtete Restaurant serviert vor allem Fischgerichte.

INFORMATION
Fjällbacka turistbyrå
Ingrid Bergmans torg, 45071 Fjällbacka
Tel. 073 0 20 62 78, www.fjallbackainfo.com

❹ Bengtsfors

Bengtsfors (9500 Einw.) ist das touristische Zentrum der dünnbesiedelten Provinz Dalsland und bietet sich als Standort für einen Urlaubs-aufenthalt an.

SEHENSWERT

Im **Freilichtmuseum Gammelgården**, dem größten seiner Art in Westschweden, sind mehr als 20 Bauernhäuser aus der Region aus-gestellt (www.gammelgarden.com, Mai–Aug. 11.00–17.00 Uhr). Am **Aquädukt von Håverud** kann man beobachten, wie ein Schiff auf einer „Brücke" über eine Stromschnelle fährt und dabei unter einer Straßenbrücke hin-durchgleitet – ein beliebtes Fotomotiv.

AKTIV

In dieser Region wurde Mitte des 19. Jhs. der 254 km lange **Dalslandkanal** eröffnet, der eine Reihe von Seen verbindet. Lange Zeit stellte der Kanal eine wichtige Verkehrsverbin-dung für Frachtschiffe dar, die auf ihm die Er-zeugnisse der dalsländischen Eisenwerke und Sägemühlen zum Meer beförderten. Heute wird er ausschließlich touristisch genutzt.

INFORMATION

Bengtsfors turistbyrå
Sågudden 1, 66431 Bengtsfors
Tel. 0531 52 63 55, www.bengtsfors.se

❺ Karlstad

Die Stadt (61 500 Einw.) am nördlichen Ende des Vänersees ist die Hauptstadt der Provinz Värmland.

SEHENSWERT

Das **Friedensmonument** am großen Markt-platz erinnert an die Auflösung der Union mit Norwegen 1905; in Karlstad war der entspre-chende Vertrag zwischen den beiden Ländern unterzeichnet worden.

UMGEBUNG

In **Kristinehamn** verdient eine 15 m hohe Picassoskulptur am Ufer des Vänersees Be-achtung (frei zugänglich), in **Karlskoga** das Sommerhaus des Chemikers Alfred Nobel (Björkbornsvägen 10, 69133 Karlskoga, www.nobelmuseetikarlskoga.se, Juni–Aug. Di.–So. 11.00–16.00 Uhr).

INFORMATION

Karlstads-Hammarö turistbyrå
Västra Torgatan 26, 65184 Karlstad
Tel. 054 5 40 24 70, http://visitkarlstad.se/en

❻ Lidköping

Lidköping (25 500 Einw.) ist heute eine wichtige Industriestadt. Ein Stadtbrand zerstörte Mitte des 19. Jhs. die meisten Gebäude, sodass von der mittelalterlichen Bausubstanz kaum etwas erhalten geblieben ist.

Sonnenuntergang über einem der vielen Seen bei Bengtsfors (links), Schloss Läckö auf der Insel Kållandsö (rechts oben), Krani-che auf dem Hornborgasee (rechts unten)

SEHENSWERT

Das alte **Rathaus** am Marktplatz ist ein ehe-maliges Jagdschloss, das zwar als eines der wenigen Gebäude den großen Stadtbrand überstand, dann jedoch 1960 abbrannte. Das Gebäude, das man heute sieht, ist ein original-getreuer Wiederaufbau.

UMGEBUNG

Schloss Läckö (25 km nördl.) liegt auf einer durch eine Brücke mit dem Festland verbunde-nen Insel im Vänersee. Die ältesten Teile des Gebäudes stammen aus dem 13. Jh., als der Bischof von Skara hier seine Residenz errich-ten ließ. Im 19. Jh. verfiel das Schloss zuse-hends. Erst durch umfangreiche Renovierungs-arbeiten zwischen 1925 und 1935 konnte es gerettet werden.
In der Kirche von **Husaby** (17 km östl.) liegen Olaf Skötkonung († 1020), der erste christliche König des Svearreichs, und seine Gemahlin Königin Estrid begraben. In der Nähe entspringt die Quelle, in der Olaf 1008 getauft worden sein soll. Unmittelbar am Seeufer erhebt sich der 306 m hohe Berg **Kinnekulle** TOPZIEL, von dessen Gipfel aus man einen weiten Blick über den Vänern und den Kinnekulle National-park genießt (DuMont Thema, S. 76).

INFORMATION

Lidköping turistbyrå
Rådhuset, Nya Stadens torg
53131 Lidköping, Tel. 0510 2 00 20
www.vastsverige.com/sv/lackokinnekulle

❼ Skara

Um das Jahr 1050 wurde die Siedlung Skara (11 000 Einw.) zum ersten Bischofssitz. Kirchen und Klöster entstanden. Erst die Reformation brachte den Aufstieg Skaras zum Stillstand. Alle katholischen Besitzungen wurden enteig-net, Kirchen und Klöster verfielen.

SEHENSWERT

Im Herzen der Stadt liegt der **Dom** (12. Jh.). Aus der Entstehungszeit blieb lediglich die Krypta erhalten. Hier liegt Adalgard, der erste schwedische Bischof, begraben. Im 19. Jh. wurde der Dom im hochgotischen Stil umge-baut. Die größte Sehenswürdigkeit, die farbi-gen Glasmosaikfenster von Bo Beskow, stammt aus den 1940er-Jahren. Rund um den Dom ve-teilen sich einige beachtenswerte Gebäude: südlich die **Kathedralschule** (1871 nach Plä-nen von Helgo Zettervall erbaut), nördlich die alte **Stiftsbibliothek** (1857), in der Hand-schriften aus dem 12. Jh. aufbewahrt werden, und im Westen das Rathaus. Auf dem Platz vor dem Rathaus steht der 1939 von Nils Sjögren geschaffene **Chronikbrunnen**, der die Ge-schichte der Stadt erzählt.

HOTEL

Das € € € **Bjertorp slott** (Kvänum, www.bjer torpslott.se, Tel. 0512 30 05 00), je 30 km von Skara und Falköping entfernt, wurde 2013 zum „Best Historic Countryside Hotel of Europe" gewählt.

Am Aquädukt von Håverud fährt ein Schiff auf einer ‚Brücke' über eine Stromschnelle und glei-tet dabei unter einer Straßenbrücke hindurch.

UMGEBUNG

Im 12. Jh. siedelten sich in **Varnhem** (14 km östl.) Zisterziensermönche an. Vom Kloster sind nur Ruinen geblieben. Die Kirche ließ der ehemalige Schlossherr von Läckö, Magnus Gabriel De la Gardie, im 17. Jh. auf eigene Kosten instand setzen. Sein Grab findet sich ebenso in der Kirche wie das von Birger Jarl (gest. 1266), dem Stammvater der Folkunger Könige. Ornithologen zieht es zum **Hornborgasee** (12 km südl.), an dem im April Tausende von Kranichen rasten. In **Falköping** (30 km südl.) lohnt die St.-Olofs-Kirche (12. Jh.) den Besuch. Südlich der Stadt kann man in Luttra und Karleby vorgeschichtliche Ganggräber bestaunen.

INFORMATION

Skara turistbyrå, Biblioteksgatan 3
53288 Skara, Tel. 0511 3 25 80
www.vastsverige.com/skara

⑧ Trollhättan

Die Industriestadt (46 500 Einw.) am Südufer des Vänern ist die Heimat bedeutender Unternehmen wie GKN Aerospace und Saab. In den Filmstudios drehte man große skandinavische Produktionen wie „Dogville" und „Dancer in the Dark". Das hat der Stadt den Spitznamen „Trollywood" eingebracht.

SEHENSWERT

Der 32 m hohe **Trollhättan Fall** ist heute gezähmt und wird zur Energiegewinnung „gezwungen". An mehreren Tagen im Sommer wird der Göta älv aber in sein ursprüngliches Bett umgeleitet und stürzt vor den Augen vieler Zuschauer in die Tiefe (Mai, Juni, Sept. Sa. 15.00, Juli, Aug. tgl. 15.00 Uhr).

MUSEEN

Das in einer ehemaligen Fabrikhalle untergebrachte **Saab Museum** stellt fast alle Modelle aus, die je in Trollhättan vom Band liefen (Åkerssjövägen 18, Di.–So. 11.00–16.00 Uhr, www.saabbilmuseum.se). Ebenfalls eine alte Fabrikhalle wurde zur Heimat des **Innovatum Science Centers** (Åkerssjövägen 16, www.innovatum.se, Di.–So. 11.00–16.00 Uhr). In diesem Mitmachmuseum werden die Besucher zu Forschern. Die Geschichte des Götakanals wird im **Kanalmuseum** nachgezeichnet (Åkersbergsvägen, övre slussarna, Mitte Juni bis Ende Aug. tgl. 9.00–17.00 Uhr).

AKTIV

Im Juli und August kann man in Vänersborg an einer **Elchsafari** teilnehmen. In dem Gebiet leben ungewöhnlich viele Tiere (Juli Mo., Do. 18.30–22.00, Aug. schon ab 17.30 Uhr, Buchung: Visit Trollhättan Vänersborg, Bahnhof Vänersborg, Tel. 0521 35 09, info@visittroll hattanvanersborg.se).

INFORMATION

Trollhättan turistbyrå
Akersjövägen 10, 46153 Trollhättan
Tel. 0520 1 35 09 www.trollhattan.se

Genießen   Erleben   Erfahren

DuMont
Aktiv

Im Zeichen des Hummers

Die westschwedische Region Bohuslän ist das Mekka aller Hummerfans. Wenn Ende September die Hummerjagd freigegeben wird, wimmelt das Meer von Booten. Auch Touristen können dabei sein – beim Fangen und beim Schlemmen.

Der Startschuss fällt am ersten Montag nach dem 20. September um Punkt 7 Uhr morgens. Zeitgleich lassen Hunderte Fischer die Fangkörbe zu Wasser. Am „Hummerpremierentag" wimmelt es auf dem Meer nur so von Booten. Jeder will der erste sein, der mit seinem Hummer anlandet – und als erster die Delikatesse auf den Teller bringen.

Damit der Hummer auch in Zukunft aus dem Meer vor Schweden auf den Tisch kommt, ist sein Fang streng reglementiert. So müssen beispielsweise die Reusen der Fangkörbe so groß sein, dass Jungtiere aus ihnen ohne Mühe entkommen können. Und für Ausländer sind die schwedischen Hummer tabu – außer sie sind mit einem Einheimischen unterwegs. Das wiederum lässt sich problemlos arrangieren.

Denn Hummersafaris werden während der Saison von vielen Hotels entlang der Küste wie auch ortsansässigen Fischern angeboten. Man begleitet, dick in Schutzanzüge eingemummt, die Fischer am frühen Morgen beim Einholen der Reusen und ist in der Regel einen halben Tag auf See. Abends lockt ein umfangreiches Menü mit dem Fang des Tages. Zu den gefragtesten Angeboten zählt das Hummerwochenende auf Schwedens westlichsten Inseln, den Väderöarna, bei dem die Gäste den Hummer gemeinsam fangen, kochen und später auch verspeisen.

Weitere Informationen

Hummersaison
Montag nach dem 20. September bis Anfang November

Hummersafaris
Der Westschwedische Tourismusverband informiert über Hummersafaris und andere „hummerrelevante" Aktivitäten: www.vastsverige.com

Hummer, die gefragteste Delikatesse an Schwedens Westküste

Flüsse, Seen und Kanäle

Wasser in seiner unterschied-
lichsten Form hat Södermanland,
Närke und Östergötland geprägt:
Seen, an denen der Adel seine
Schlösser baute, Flüsse, die
man zur Energiegewinnung
zähmte, und Kanäle, über die
Produkte aus den ersten Fabriken
Schwedens verschifft wurden.
Auch heute spielt Wasser noch
eine wichtige Rolle für die
Region. Inzwischen aber haben
Freizeitkapitäne und Badenixen
das Kommando übernommen.

Schloss Gripsholm, auf einer Insel im Mälarsee bei Mariefred gelegen,
gehört zu den meistbesuchten Sehenswürdigkeiten Schwedens.

Auf einem Hügel über dem Mälarsee steht die 1701 fertiggestellte Kirche
von Mariefred. Ganz in der Nähe befindet sich Schloss Gripsholm.

Ein Museumsverein betreibt heute in Mariefred die „Södermanlands
Järnvag", die älteste Schmalspurbahn Schwedens.

Eine weitere bekannte Sehenswürdigkeit am Mälarsee ist Schloss Tidö unweit von Västerås. Der im 17. Jahrhundert errichtete Renaissance-Bau ist heute für sein Spielzeugmuseum berühmt.

„Das Schloss Gripsholm strahlte in den Himmel; es lag beruhigend und dick da und bewachte sich selbst."

Kurt Tucholsky: Schloss Gripsholm

Schloss Gripsholm am Ufer des Mälarsees kennen viele Deutsche auch ohne je in Schweden gewesen zu sein. Kurt Tucholsky hat es mit seiner gleichnamigen Erzählung 1931 in der Literaturgeschichte verewigt. In Mariefred, dem kleinen Ort, der dem Schloss gegenüber liegt, stellen vermutlich deshalb die Deutschen die stärkste ausländische Besuchergruppe. Auch in der schwedischen Geschichte hat das Schloss oft eine zentrale Rolle gespielt. Letztmalig 1809, als man hier König Gustav IV. Adolf zur Abdankung zwang.

Viele Besucher reisen mit dem Auto oder dem Bus nach Gripsholm, die echten Genießer indes mit dem Dampfschiff aus Stockholm. Das dauert zwar ein paar Stunden, doch ist die Zeit keinesfalls vergeudet. Mit seinen mehr als 1000 Inseln gehört der Mälaren zu den schönsten Seen des Landes. Da er bis ins Stadtzentrum von Stockholm hineinreicht, waren seine Ufer schon immer beim Adel beliebt, der dort seine Schlösser und andere stattliche Anwesen errichtete. Später machte es der Geldadel den Blaublütigen nach.

Das war gut für den See und die heutigen Touristen, denn die großen Ländereien, die zu Herrschaftssitzen gehörten, blieben unbebaut – die High Society wollte hier schließlich jagen und vielleicht auch mit der Kutsche ausfahren,

Ostufer des Vättersees: Grasbewachsene Ruinen
(oben) erinnern an das erste Zisterzienserkloster
Skandinaviens, gegründet 1143 bei Alvastra.
Aufmerksame Pferde und das küstenartige
Ufer des Vättern sind bei Omberg zu bestaunen
(unten). Rechte Seite: Geruhsame Zeiten
am Götakanal (oben) – sofern man nicht
die Schleuse bedienen muss (unten).

ansonsten aber ungestört bleiben. Dicht bebaute Ufer in Hauptstadtnähe muss man deswegen nicht befürchten.

Aus der Eiszeit

Der Mälaren hatte früher sogar eine Verbindung zur Ostsee. Zu Wikingerzeiten war er nichts anderes als eine Meeresbucht. Erst später wurde er durch die nacheiszeitliche Landhebung allmählich vom Meer getrennt. Schweden war während der letzten Eiszeit völlig von Gletschereis bedeckt, einem drei Kilometer dicken Eispanzer, der die Landmasse nach unten drückte. Seit die Gletscher abgeschmolzen sind, hebt sich das Land wieder. Dieser Prozess der Landhebung dauert bis zum heutigen Tag an und sorgt dafür, dass Schweden von Jahr zu Jahr ein bisschen größer wird.

Groß wie ein Binnenmeer

Der Vättern ist der zweitgrößte See im Land. 130 Kilometer ist er lang, bis zu 30 Kilometer breit – Maße, die ihn wie ein Meer wirken lassen. Auch an seinen Ufern stehen sie, die Schlösser und Burgen der Adeligen. Schloss Visingborg auf der Insel Visingö beispielsweise, das sich die Adelsfamilie der Brahes im 16. Jahrhundert errichten ließ und das einst eines der prachtvollsten Schlösser des Landes war, bis es 1718 niederbrannte. Schloss Vadstena dagegen thront noch stolz am Ufer des Vättersees. Sein Bauherr, König Gustav Wasa, befreite Schweden von der dänischen Herrschaft.

Aufschwung mit Wasser

Wasser brachte auch die industrielle Revolution in Schwung. Seen und Flüsse dienten als Transportwege, auf denen die Waren aus Manufakturen und Fabriken zu ihren Käufern gelangten. Nicht immer strömten die Flüsse dorthin, wo man sie brauchte. Und oft waren die Flüsse nicht schiffbar, versperrten Stromschnellen und Wasserfälle den Lastkähnen den Weg. Die Schweden fanden einen Ausweg und bauten quer durchs Land Kanäle. Der Götakanal ist

Die Industriestadt Linköping würdigt ihre Vergangenheit im Freilichtmuseum „Gamla Linköping". Wiederaufgebaute historische Häuser aus dem Stadtzentrum und einige Museen lassen ein lebendiges Bild von Schweden vor der Industrialisierung entstehen.

der wohl bekannteste von ihnen. Er durchzieht Schweden von Ost nach West und verbindet die Ost- mit der Nordsee.

Eine Knochenarbeit

Bei der Planung des Götakanals bezogen die Bauherren die vielen Seen in die Streckenführung mit ein. So geht es zwar im lustigen Zick-Zack durchs Land, aber immerhin mussten nur 190 Kilometer der Gesamtstrecke künstlich angelegt werden. Rund 59 000 Soldaten schaufelten sich von 1810 an durchs Schwedenreich. Jeden Tag um fünf Uhr morgens begann die Schufterei und endete um acht Uhr abends. Die Soldaten marschierten zurück in ihre Kasernen, um neun blies man zum Zapfenstreich. Das wiederholte sich Tag für Tag, Monat um Monat, insgesamt 22 Jahre lang, bis am 26. September 1832 der Götakanal eröffnet werden konnte. Heute hat die Wasserstraße keine wirtschaftliche Bedeutung mehr, sondern ist ausschließlich ein attraktiver Wasserweg für Freizeitkapitäne und für die drei alten Dampfschiffe der Reederei Götakanal AB, die im Sommer zu Kreuzfahrten auf dem Kanal ablegen.

Schwedens Manchester

Auch wuchsen die ersten Industriestädte alle entlang von Flüssen, etwa Norrköping, das „schwedische Manchester". Hier sorgte das Wasser des Motala Ström für die Energie, die man für die Textil- und Papierfabriken brauchte. Heute sind es andere Kriterien, die darüber entscheiden, ob ein Industriestandort international bestehen kann – die Personalkosten etwa. Weil Schweden auf diesem Sektor mit den Billiglohnländern nicht mithalten kann, ist die Textilindustrie schon lange aus Norrköping abgewandert. Hemden und Hosen werden jetzt in Fernost produziert. Viele alte Fabrikgebäude stehen indes noch und dienen heute anderen Zwecken. Die Universität nutzt Räume in einer alten Textilfabrik, das Stadt- und das Arbeitsmuseum haben in ausgedienten Baumwollspinnereien Unterschlupf gefunden.

GÖTAKANAL

Mit dem Schiff durchs Pippi-Langstrumpf-Land

Wer auf dem Götakanal durch Schweden reist, lernt nicht nur das Land kennen, sondern auch eine andere Art des Reisens. Mit fünf Knoten, also in flotter Schrittgeschwindigkeit, geht es durch Schweden.

Der Götakanal durchzieht Schweden auf rund 390 Kilometern von Ost nach West – von Norrköping südlich von Stockholm bis nach Göteborg verbindet er Ost- und Nordsee. Soldaten schaufelten Anfang des 19. Jahrhunderts 20 Jahre lang, um den Kanal auszuheben. Anfangs war er ein wichtiger Transportweg. Nach seiner Eröffnung 1832 durchfuhren etwa 100 Dampfschiffe pro Jahr den Kanal, 1860 waren es 1000, 1930 bereits 2300. Dann aber wurde die Wasserstraße zu klein für die modernen Schiffe, und der Warentransport verlagerte sich auf Schiene und Straße. Der Götakanal verlor an Bedeutung, weshalb ihn seit 1970 ausschließlich Freizeitkapitäne noch nutzen.

Schiffe nach Maß

Viel Platz ist nicht auf dem Kanal. An vielen Stellen ist er gerade mal ein Dutzend Meter breit – und in den Schleusen geht es ohnehin eng zu. Deswegen wurden einst auch Schiffe gebaut, die zentimetergenau an den Kanal angepasst waren und exakt 31,66 Meter lang und 6,85 Meter breit waren. Nur noch drei Dampfschiffe der „Götakanalklasse" befahren heute den Kanal auf seiner ganzen Länge. Die 1874 erbaute „Juno" – sie ist das älteste noch in Betrieb befindliche Flusskreuzfahrtschiff der Welt – die „Wilhelm Tham" von 1912 und die „Diana", die 1931 vom Stapel lief.

Elche am Ufer

Folglich ist auch der Platz an Bord der „Wilhelm Tham" beschränkt. Im Vergleich zur Doppelkabine an Bord wirkt ein Schlafwagenabteil im Zug wie eine Luxussuite. Will ein Passagier ins obere der Stockbetten steigen, sollte der andere schon brav zugedeckt unten in den Federn liegen. Stehend hat nur eine Person in der Kabine Platz.

Oft nur zwei Zentimeter trennen die „Wilhelm Tham" rechts und links von der Kanalmauer – einen Götakanal-Kapitän kann dies nicht aus der Ruhe bringen.

Die „Wilhelm Tham" ist eines der drei Dampfschiffe, die noch den Götakanal befahren (oben). Ansonsten schippern nur noch Freizeitschiffe auf dem einst so wichtigen Kanal quer durch Schweden. Bei der Fahrt auf der oft recht schmalen Wasserstraße und insbesondere an den Schleusen ist Augenmaß gefragt (unten).

Fakten

....

Reisen auf dem Götakanal
Rederi Göta Kanal AB, Pusterviksgatan 13, 41301 Göteborg
www.stromma.se/gotakanal

In Deutschland buchbar bei: TUI Wolters Reisen, Bremer Str. 61, 28816 Stuhr, www.tui-wolters.de

Luxus aber suchen die Reisenden ohnehin nicht in den Kabinen. Der besteht in der Langsamkeit des Reisens. Die Landschaft, durch die die „Wilhelm Tham" fährt, ist so typisch schwedisch. Hinter jeder Biegung taucht ein rotes oder gelbes Schwedenhäuschen mit akkurat gepflegtem Vorgarten auf. Dazwischen wogende Felder, grüne Wälder und blühende Apfelbäume. Und ab und zu nimmt ein äsender Elch vor dem Boot Reißaus. Entlang des Götakanals sieht Schweden so aus, als wäre es von Astrid Lindgren entworfen worden. Nie-

Luxus suchen die Reisenden nicht in den Kabinen. Der besteht in der Langsamkeit des Reisens.

mand würde es wundern, wenn am nächsten Hafen Pippi Langstrumpf auf ihrem Pferd Herr Nilsson sitzen und die Passagiere begrüßen würde.

Lieder an der Schleuse
In Forsvik ist der höchsten Punkt des Götakanals erreicht, der einen Höhenunterschied von knapp 92 Meter zu überwinden hat. Hier warten die Kindboms auf den Dampfer. Vor fast 100 Jahren hat die Familie damit begonnen, jedes Passagierschiff, das die Schleuse passiert, mit Blumen und inbrünstig gesungenen christlichen Liedern zu begrüßen.

Der Familienälteste, ein rüstiger Rentner gibt im Stuhl sitzend den Ton an – um ihn herum seine Kinder, Enkel und Urenkel, gesanglich unterstützt von vielen anderen Mitgliedern der Forsviker Kirchengemeinde. Die Sänger warten oft stundenlang an der Schleuse auf Götakanalboote. Ungeduldig wird deswegen keiner. Verspätungen gehören auf dem Kanal zum guten Ton. Denn dort, wo die Zeit keine Rolle mehr spielt, dient ein Fahrplan höchstens noch zur groben Orientierung.

Zwischen Meer und See

Im Herzen Schwedens liegen Städte, die schon im Mittelalter Zentren des Handels und des Glaubens waren. Freilichtmuseen bewahren dieses Erbe. Heute finden sich hier große Industriestädte: Västerås als Heimat des ABB-Konzerns, die Textilstadt Norrköping und Linköping mit den großen Saab-Werken sind die Wirtschaftsmotoren der Region.

❶ Nyköping

Nyköping (30 000 Einw.) war eine der bedeutendsten schwedischen Städte des Mittelalters. Heute ist die moderne Provinzstadt ein regional bedeutsamer Industriestandort.

SEHENSWERT

Schlossruine **Nyköpingshus** (im Sommer tgl. geöffnet), erbaut im 14. Jh., wurde nach dem Brand von 1655 nur teilweise wieder aufgebaut. Im Vorgängerbau hielt König Birger Magnusson 1318 seine beiden Brüder gefangen. Nachgespielt wird das Familiendrama jeden Sommer im Innenhof unter dem Titel „Gästabud" (das Fest). Spielzeit und Tickets unter www.gastabudet.nu/gb/.

HOTEL

Schon seit mehr als 100 Jahren empfängt man im € € / € € € **Trosa Stadshotell** (Västra Långgatan 19, Tel. 0156 1 70 70, www.trosa stadshotell.se) Badegäste – heute bietet man ihnen ein exklusives Spa.

UMGEBUNG

Nördlich von Nyköping lohnen der Ausflugsort **Trosa** (Restaurants am Wasser) und das **Schloss Tullgarn** einen Abstecher (1720 erbaut, nur mit Führung zur vollen Stunde Mai u. Sept. Sa., So., 11.00–15.00, Juni–Aug. Di.–So. bis 16.00 Uhr).

INFORMATION

Turistbyrå Nyköping
Rådhuset, Stora torget, 61183 Nyköping
Tel. 0155 24 82 00, www.nykopingsguiden.se

❷ Norrköping

Die Stadt (83 000 Einw.) erlebte mit der Ansiedlung von Textilfabriken im 19. Jh. einen Aufschwung, entwickelte sich zu einer der bedeutendsten Industriemetropolen und verdiente sich den Beinamen „Schwedens Manchester".

MUSEEN

Im **Arbeitsmuseum** (Laxholmen, www.arbe tetsmuseum.se, tgl. 11.00–17.00, Sept.–Mai Di. bis 20.00 Uhr) in einer alten Baumwollspinnerei auf der Insel Laxholmen werden die Arbeitsbedingungen aus der Frühzeit der Industrialisie-

Die wassernahe Textilstadt Norrköping (oben), Freunde fürs Leben im Zoo Kolmården (rechts oben), Ruine Nyköpingshus (rechts unten)

rung nachgezeichnet. Das landesweit herausragende **Kunstmuseum** (Kristinaplatsen, www.norrkoping.se/kultur-fritid/museer/konst museum, Di.–So. 11.00–17.00, Mi. bis 20.00, im Sommer Di.–So. 12.00–16.00, Mi. bis 18.00 Uhr) zeigt Werke schwedischer Maler aus dem 19. und 20. Jh. Wer sich für die Ursprünge der Textilindustrie in Norrköping interessiert, der sollte das **Stadtmuseum** ansteuern (Västgötegatan 21, www.norrkoping.se/kultur-fritid/ museer/stadsmuseum, Di., Mi., Fr. 11.00 bis 17.00, Do. bis 20.00, Sa., So. 12.00–17.00 Uhr). Im Vorort Himmelstalund sind 1600 bronzezeitlichen Felsritzungen zu bewundern. Im benachbarten **Hällristningsmuseum** (Felsritzungsmuseum) erhält man die entsprechenden Hintergrundinformationen.

UMGEBUNG

Norrköping ist in Schweden vor allem wegen des Zoos **Kolmården** bekannt (27 km nordöstl.), der sich zu einem riesigen Freizeit- und Safaripark entwickelt hat. Besonders für Familien lohnt der Besuch (www.kolmarden. com, April–Juni, Mitte/Ende Aug. tgl. 10.00 bis 17.00, Sept. Sa., So. 10.00–17.00, Juli–Mitte Aug. tgl. bis 18.00/19.00 Uhr).

INFORMATION

Turistbyrå Norrköping
Källvindsgatan 1, 60240 Norrköping
Tel. 011 15 50 00, www.upplev.norrkoping.se

❸ Linköping

Die Provinzhauptstadt Östergötlands (104 000 Einw.) ist Industrie-, Bischofs- und Universitätsstadt. Einen Namen hat sie sich wegen ihres Engagements für den Umweltschutz gemacht; z. B. fahren alle Stadtbusse mit Biogas.

SEHENSWERT

Der Bau des **Doms** (sehenswerte Barockkanzel, www.linkopingsdomkyrka.se, tgl. 9.00 bis 18.00 Uhr) wurde 1120 begonnen, aber erst 1886 mit Anfügen des 107 m hohen Turmes beendet. Noch beliebter bei den Besuchern der Stadt ist **Gamla Linköping**, eines der führenden Freilichtmuseen des Landes mit fast 100 Gebäuden. Das Besondere: Viele der Häuser sind dauerhaft bewohnt, sodass Gamla

Linköping eher wie ein Stadtteil mit alten Häusern denn wie ein Museum wirkt (Kryddbodtorget 1, www.gamlalinkoping.info). Das Gelände ist jederzeit zugänglich, Läden und Handwerksbetriebe sind je nach Jahreszeit zwischen 10.00 und 16.00/17.00 Uhr geöffnet (Abweichungen möglich). Das **Östergötlands Länsmuseum** (Raoul Wallenbergs plats 1, www.ostergotlandsmuseum.se, Mo.–So. 11.00–16.00, Sept.–Mai auch Di., Do. bis 20.00 Uhr) ist eines der größten Provinzmuseen Schwedens. Es stellt Sammlungen zur Frühgeschichte und schwedische Kunst vom Mittelalter bis zur Gegenwart aus; zudem ist ein Computermuseum angeschlossen.

UMGEBUNG
Kloster **Vreta** (8 km nordöstl.), 1110 gegründet, war das erste Kloster Schwedens. Nur noch die Klosterkirche ist gut erhalten. Ein Besuch lohnt auch wegen der landschaftlich schönen Lage.

INFORMATION
Turistbyrå Linköping
Storgatan15, 58223 Linköping
Tel. 013 1 90 00 70
www.visitostergotland.se/en/kadstena

Tipp

Tucholskys Ruhestätte

Mit der Liebesgeschichte „Schloss Gripsholm" hat Kurt Tucholsky diesem ein literarisches Denkmal gesetzt und das Wahrzeichen Mariefreds in Deutschland bekannt gemacht. In Tucholskys Werk ist die leichte Sommergeschichte „Schloss Gripsholm" die Ausnahme. Auch für ihn, den vor den Nazis nach Schweden geflohenen Exilanten, sah das Schicksal kein Happy End vor. Im Dezember 1935 nahm er sich in dem Badeort Hindås, in der Nähe von Göteborg, das Leben. Begraben liegt er auf dem Friedhof ca. 2 km außerhalb von Mariefred. Auf seinem Grabstein steht „Alles Vergängliche ist nur ein Gleichnis", ein Zitat aus Goethes „Faust II".

4 Vadstena

Vadstena (5600 Einw.) liegt malerisch am Ufer des Vättern. Im 13. Jh. ließ sich das Königsgeschlecht der Folkunger hier einen Sommerpalast errichten. Im 14. Jh. schenkte König Magnus Eriksson den Palast der Nonne Birgitta Gudmarsson, deren Tochter dort ein Kloster gründete.

SEHENSWERT
Die **Klosterkirche** war zwischen 1395 und 1430 nach Plänen erbaut worden, die die hl. Birgitta einer Legende nach direkt von Gott übermittelt bekam. In der Kirche befinden sich mehrere Darstellungen der Heiligen. Die künstlerisch wertvollste ist eine Skulptur von 1390 im Südostteil der Kirche. In deren Nordteil liegen die Gräber der drei Königinnen Katharina († 1450), Birgitta Turesdotter († 1436) und Philippa († 1430). Hinter dem Hauptaltar befindet sich der Birgittenschrein mit den Gebeinen der Heiligen. **Bjälboättens palats** (13. Jh.), der ehemalige Sommerpalast des Königs, in dem das Nonnenkloster lag, wird heute zum Teil als Hotel genutzt. Das Schloss am Ufer des Vättern stammt aus der Mitte des 16. Jhs. und wurde aus den Steinen der Klosterruine von Alvastra erbaut (Führung Sa. 14.00 Uhr).

RESTAURANT
Solide Speisen zu günstigen Preisen bekommt man im historischen € / € € **Rådhuskällaren** (Rådhustorget, Tel. 0143 1 21 70, während der Woche nur mittags geöffnet).

UMGEBUNG
Am Rande des Naturschutzgebietes Omberg (Wanderwege, Aussichtspunkte) befindet sich die Klosterruine von **Alvastra**. Das Kloster war 1143 von Zisterziensermönchen gegründet worden und entwickelte sich zu einem wohlhabenden Klosteranwesen. Von 1344 bis 1349 lebte hier die hl. Birgitta. Wie fast alle anderen schwedischen Klöster wurde das Zisterzienserkloster von Gustav Wasa enteignet.

INFORMATION
Turistbyrå Vadstena
Rödtornet, 59280 Vadstena
Tel. 014 33 15 70, www.vadstena.se

5 Örebro

Der Ort (107 000 Einw.) erhielt bereits 1265 Stadtrechte und hat sich im Laufe der Jahrhunderte zum Zentrum der Regionen Närke und Bergslagen entwickelt. Heute ist Örebro Handels- und Ausbildungszentrum.

SEHENSWERT
Das **Schloss**, dessen älteste Teile aus dem 13. Jh. stammen, liegt auf einer kleinen Insel im Stadtzentrum. Sein heutiges Aussehen erhielt es bei einer Renovierung Ende des 19. Jh.s. Heute ist es Sitz des Regierungspräsidenten der Region (nur mit Führung, Termine www.orebrotown.com). Im nahen neugotischen **Rat-**

Schlösser unter sich: das im Renaissance-Stil errichtete von Vadstena (oben)und das als Regierungssitz dienende von Örebro (rechts oben)

haus erklingt im Sommer dreimal am Tag ein Glockenspiel. 1810 wurde in der **Kirche St. Nikolai** der französische Marschall Jean Baptiste Bernadotte als Karl XIV. Johan zum schwedischen Thronfolger gekürt. Vom **Wasserturm Svampen** (dt.: „Pilz", Dalbygatan 4, tgl. 10.00 bis 18.00 Uhr, mit Aussichtscafé) verschafft man sich rasch einen Überblick. Am Rande der Innenstadt liegt das **Freilichtmuseum Wadköping**. Holzhäuser aus dem 17.–19. Jh., die früher an anderer Stelle in Örebro standen, sind hier wiederaufgebaut (das Gelände ist frei zugänglich, die Häuser sind je nach Jahreszeit von 11.00–16.00/17.00 Uhr geöffnet).

INFORMATION
Örebrokompagniet
Olaf Palmes torg 3 (im Schloss)
70222 Örebro
Tel. 019 21 21 21, www.orebrowtown.com

6 Västerås

Die Stadt (111 000 Einw.) war im Mittelalter Bischofssitz, mehrfach wurden hier Reichstage abgehalten. Heute ist es vor allem die Lage am Mälarsee, die Västerås als Wohnort interessant macht.

SEHENSWERT
Der **Dom**, dessen älteste Teile aus dem 13. Jh. stammen, erinnert an die Blütezeit der Stadt. Der gotische Altaraufsatz von 1516 ist teilweise in Gold gefasst. Auch die Taufkapelle aus dem 17. Jh. und der Sarkophag von König Erik XIV., der Mitte des 16. Jhs. das Schwedenreich regierte, sind einen Blick wert.

AKTIV

AKTIV

340 km beleuchtete und im Winter beheizte Radwege machen Västerås zum **Fahrradfahrerparadies**.

RESTAURANT

Ausgezeichnete Küche der Spitzenklasse bietet € € € € **Frank** (Stora torget 3, Tel. 021 13 65 00, www.frankbistro.com, So., Mo. geschl.).

UMGEBUNG

Die **Amundshögen**, (6 km nördl.) sind Grabhügel und Steinsetzungen aus der Wikingerzeit. **Schloss Tidö** (15 km südöstl.) stammt aus dem 17. Jh. und ist eines der besterhaltenen Schlösser dieser Zeit. Heute ist hier ein Spielzeugmuseum mit mehr als 30 000 Ausstellungsstücken untergebracht (www.tidoslott.se, April/Mai Sa., So. 12.00–17.00, Juni–Aug. Di. bis So. 12.00–17.00 Uhr).

INFORMATION

Turistbyrå Västerås
Kopparbergsvägen 1, 72187 Västerås
Tel. 021 39 01 00, www.visit-vasteras.com

7 Mariefred

Der kleine Ort (3700 Einw.) zählt zu den beliebtesten Ausflugszielen am Mälarsee.

SEHENSWERT

Mariefred ist durch das in Kurt Tucholskys (s. auch Tipp auf S. 96) gleichnamiger Erzählung unsterblich gemachte **Schloss Gripsholm** TOPZIEL bekannt. Im 16. Jh. im Auftrag von König Gustav Wasa erbaut, erhielt dieses sein heutiges Aussehen im 18. Jh., als es auf Geheiß von König Gustav III. erweitert wurde. Der kunstsinnige Monarch ließ auch ein Theater erbauen. Im Laufe seiner Geschichte kerkerten machtgierige Monarchen in Gripsholm immer wieder Rivalen ein. Heute beherbergt es die größte Porträtsammlung Europas. Malerisch ist auch die **Altstadt**, besonders das Holzrathaus (1748) und die Kirche (1624).

HOTEL

Wie es der Name sagt, liegt € € € **Gripsholms Värdshus** (Kyrkogatan 1, Tel. 0159 347 50, www.gripsholms-vardshus.se) direkt gegenüber von Schloss Gripsholm. Das Haus bietet viel Atmosphäre, 46 individuell eingerichtete Zimmer und hervorragende Küche.

UMGEBUNG

Im Dom (13 Jh.) von **Strängnäs** (27 km nordwestl.) sind neben den Grabmonumenten von König Sten Sture d. Ä. († 1503) und König Karl IX. († 1611), der Hochaltar von 1490 und ein Marienschrein von 1515 sehenswert (Mitte Juni–Mitte Aug. 10.00–18.00, sonst 10.00 bis 16.00 Uhr).

INFORMATION

Mariefred turistbyrå (nur im Sommer geöffnet)
Rådhuset, 64730 Mariefred
Tel. 0152 2 97 90, www.strangnas.se

Radeln um den Mälarsee

Fahrradwege um schwedische Seen sind gewiss keine Seltenheit. Der Mälardalsleden, der auf 444 Kilometern den Mälaren umrundet, ist aber dennoch etwas Besonderes: Es gibt ihn nunmehr schon seit 1980, damit ist er der älteste aller schwedischen Langstreckenradwege.

In einem weiten Bogen führt Sie der Mälardalsleden um den Mälarsee herum. Er beginnt und endet in Stockholm. Da entlang der Route viele der geschichtsträchtigsten Orte des Landes liegen, ist die Tour mit dem Zweirad zugleich eine spannende Zeitreise. Man kommt durch Sigtuna, die älteste Stadt des Landes, passiert das im Mittelalter so wichtige Strängnäs und radelt weiter nach Mariefred, wo Schloss Gripsholm steht. Wer die Tour auf dem Mälardalsleden nicht zur Bildungsreise machen will, packt einfach die Badehose ein und strampelt von Badestelle zu Badestelle. Und davon gibt es am Ufer des drittgrößten schwedischen Sees wahrlich genug.

Für Hobbyfahrer gut zu bewältigen ist der Mälardalsleden ohnehin, führt er doch fast ausschließlich über asphaltierte Straßen und Wege und geht großteils eben dahin. Wer indes die sportliche Herausforderung sucht, nimmt am „Mälaren runt" teil, einem Langstreckenrennen für Fahrradfahrer, das seit 1892 immer am ersten Sonntag im August ausgetragen wird und das innerhalb von 24 Stunden in einem Ritt um den See führt.

Weitere Informationen

Details
https://swedenbike.com/cykelleder/malardalsleder

Infos zum Radrennen „Mälaren runt"
www.malarenrunt.se

Allgemeiner Kontakt
Svenska Cykelsällskap
(Schwedischer Fahrradfahrerverband)
Torneågatan 10, 16479 Kista
Tel. 08 7 51 62 04
www.svenska-cykelsallskapet.se

Auch das gehört zu einer Radtour am Mälarn: die Seele baumeln lassen am Ufer

Hauptstadt am Wasser

Die schwedische Hauptstadt wird von Wasser umschlossen: die Ostsee auf der einen, der Mälarsee auf der anderen Seite. „Venedig des Nordens" hat man Stockholm deswegen lange Zeit genannt. Den Vergleich hören die Stockholmer inzwischen nicht mehr so gerne. Denn, ganz selbstbewusst, hält man es nicht mehr für nötig, sich mit anderen Städten zu vergleichen.

Der Stortorg zählt zu den beliebtesten Treffpunkten der Stadt. An der Nordseite steht die Börse (1778), heute Sitz des Nobelmuseums.

Zwei Wahrzeichen von Stockholm: das Königliche Schloss auf der Insel Gamla Stan (oben) und das Stadthaus am Riddarfjärden, in dessen „Goldenem Saal" (Mitte) der Nobelpreis überreicht wird.

Täglich um die Mittagszeit versammeln sich zahlreiche Touristen, um der Ablösung der Königlichen Palastwache zuzusehen. Das Musikkorps begleitet das Zeremoniell.

Ungewöhnliche Bleibe mit herrlicher Aussicht: die Jugendherberge auf dem Segelschiff „Af Chapmann".
Am gegenüberliegenden Ufer ragen die Deutsche Kirche (links im Bild) und die Storkyrka hervor.

„Der Junge … sah hinab
auf die lustigen Villen
am See, als Daunenfein
einen Schrei ausstieß.
‚Jetzt weiß ich, wo
wir sind! Dort liegt
die Stadt, die auf dem
Wasser schwimmt.'"

Aus: „Nils Holgersson", Selma Lagerlöff

Die Graugänse hatten Recht. Sie erzählten dem kleinen Nils Holgersson während ihrer gemeinsamen Reise durch Schweden, dass Stockholm eine Stadt sei, die auf dem Wasser schwimme. Mit etwas Glück erleben auch Sie den Blick auf Schwedens Hauptstadt aus der „Gansperspektive" – freilich nur bei einem wolkenfreien Blick durch das kleine Flugzeugfenster während des Anflugs auf den Flughafen Arlanda. Und der offenbart ganz deutlich, wovon die Statistik spricht: Stockholm besteht zu je einem Drittel aus Wasser, aus Grünflächen und aus bebautem Gebiet. Auch die 14 Inseln, auf denen Stockholm liegt, kann das menschliche Auge noch ausmachen. Die 54 Brücken, die sie miteinander verbinden, erblicken allerdings nur Gänse oder Adler mit ihren scharfen Augen. Wen wundert es, dass bei so viel Wasser kaum ein Reiseführer ohne die Zuschreibung „Venedig des Nordens" auskommt?

Die hat man in Stockholm lange Zeit selbst verwendet, ist ihrer jetzt aber überdrüssig geworden. Das Selbstbewusstsein der Schweden ist gewachsen und sie haben erkannt, dass Stockholm die Anlehnung an die Lagunenstadt in Norditalien gar nicht braucht. Denn was Schönheit betrifft, kann es Stockholm mit jeder Stadt der Welt aufnehmen – ganz ohne Vergleiche.

Szenen aus der Innenstadt: Die Riddarholm-
kirche (oben links) auf der Insel Riddarholmen,
Begräbnisstätte der schwedischen Könige.
Schmucke Gassen (oben rechts) sind typisch für
die Altstadt Gamla Stan. Am Stortorg widmet sich
das Nobelmuseum (unten links) der berühmten
Ehrung. Köstlichkeiten aller Art bietet die Saluhall
(Markthalle) im Stadtteil Östermalm (unten rechts).

Eine Augenweide am Stortorg in Gamla Stan sind die schmalen Patrizierhäuser. 1520 ließ hier Dänenkönig Christian 94 seiner politischen Gegner hinrichten; das Ereignis ging als „Stockholmer Blutbad" in die Geschichte ein.

Special

Stockholm im Krimi

Bei Blomkvist ums Eck

Weltweit wurden mehr als 25 Millionen Bücher von Stieg Larssons Kriminalromanen verkauft. In Stockholm veranstaltet das Stadtmuseum Führungen zu den Originalschauplätzen in „Verblendung", „Verdammnis" und „Vergebung".

Ausgangspunkt ist die Bellmansgatan 1 in Södermalm. Hier lebt Journalist Mikael Blomkvist, der in Larssons Büchern die Hauptrolle spielt. In der Hornsgatan 78 liegt die Mellqvist Kaffebar, eines der Lieblingscafés von Blomkvist. Aufmerksame Leser von Larssons Romanen werden in der Götgatan den Seven-Elven-Laden suchen, in dem Lisbeth Salander einkauft, und ihn bei Hausnummer 25 finden. Weiter geht der Weg in Richtung Süden, die Götgatan entlang, bis man auf Höhe des Medborgarplatsen in die Tjörhovsgatan abbiegt. Dort erreicht man das Restaurant Kvarnen, in dem sowohl Mikael Blomkvist als auch Lisbeth Salander häufig essen. Auch die

Schauplätze der Krimis von Stieg Larsson

Szene, in der Salander ihre Geliebte Miriam Wu küsst, spielt hier.

Für richtige Fans lohnt ein Abstecher in die Fiskargatan 9. Dort hat sich Lisbeth Salander im obersten Stockwerk eine noble Wohnung mit Blick über Stockholm gekauft. Auf das Namensschild an der Tür schreibt sie „V. Kulla" – für Schweden ein eindeutiger Hinweis auf die „Villa Villekulla", wie Pippi Langstrumpfs „Villa Kunterbunt" auf Schwedisch heißt.

Im Ekopark

Die Schweden sind stolz auf ihre Hauptstadt, und diesen Stolz zeigen sie gerne und häufig. Jeden Sommer strahlt das Schwedische Fernsehen Interviews mit Touristen aus, die sich in der Regel begeistert über die Stadt äußern. In einem der Interviews sagte beispielsweise ein junger Familienvater aus England, er habe während der Rundfahrt im Boot durch den Stockholmer Hafen die ganze Zeit das Gefühl gehabt, in einem Nationalpark unterwegs zu sein. Und er hat sogar Recht damit: Denn der Ekopark, auch „Kungliga nationalstadsparken" genannt, ist der erste und bisher einzige innerstädtische Nationalpark der Welt; 2005 wurde er als ein solcher anerkannt.

Stadt der Kultur

Doch Stockholm hat natürlich viel mehr als „nur" seine faszinierende Lage am Wasser zu bieten. Die Hauptstadt ist auch das kulturelle Zentrum des Landes. Die besten Theater liegen hier, die Staatsoper, viele alternative Kultureinrichtungen sowie die meisten Galerien. Vor allem im Stadtteil Södermalm hat sich in den letzten Jahren eine beeindruckende Kunstszene entwickelt. Die meisten Museen der Hauptstadt gehören zu den führenden ihrer Art in Schweden, einige, wie das Nationalmu-

In Stockholm befinden sich zahlreiche weltberühmte Museen, darunter das „Fotografiska",
das größte fotografische Museum Nordeuropas.

Gut zehn Kilometer von Stockholm entfernt liegt Schloss Drottningholm auf einer Insel im Mälarsee. Bis auf den Südflügel,
in dem die Königsfamilie lebt, können alle Räume des prächtigen Barockschlosses besichtigt werden.

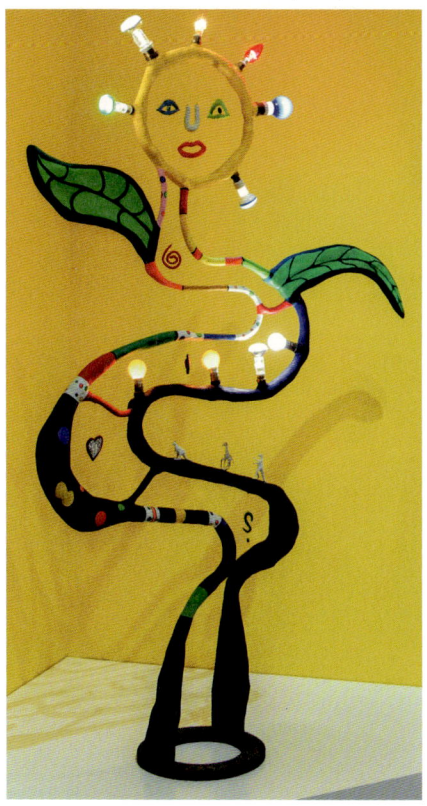

Das Moderne Museum auf der Insel Skepps-holm zeigt hochkarätige Gegenwartskunst.

Die 50 Meter hohe „Wasa" ist das zentrale Exponat im Wasamuseum.
1961 wurde das Wrack geborgen und anschließend konserviert.

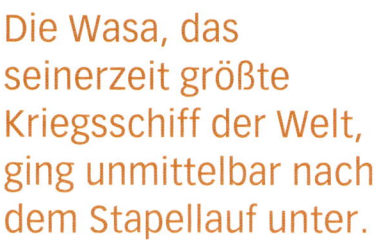

Die Wasa, das seinerzeit größte Kriegsschiff der Welt, ging unmittelbar nach dem Stapellauf unter.

seum, zählen zu den besten Europas. Und ein anderes, das Wasamuseum, sucht gleich weltweit seinesgleichen.

Stapellauf in den Untergang

Im Sommer 1628 sank die Wasa, das damals größte Kriegsschiff der Welt, unmittelbar nach dem Stapellauf im Hafen von Stockholm. Gerade einmal 20 Minuten konnte sich das Schiff über Wasser halten. König Gustav II. Adolf (1594–1632), der bedeutendste Herrscher Schwedens, war außer sich vor Wut und setzte sofort eine Untersuchungskommission ein. Diese sollte den Schuldigen ausfindig machen und entsprechend bestrafen.

Dabei trug der König selbst den größten Teil der Schuld. Während des Dreißigjährigen Krieges (1618–1648) kam es zwischen Schweden und Polen seit 1621 zu Auseinandersetzungen. Polens mächtige Seeflotte war ein ernstzunehmender Gegner im Kampf um die Vorherrschaft in der Ostsee. Um den Polenkönig Sigismund in die Knie zu zwingen, gab Gustav Adolf bei der Stockholmer Werft vier Kriegsschiffe in Auftrag. Eines davon sollte so monumental sein, dass der Gegner allein beim Anblick erschaudern und die Flucht ergreifen würde. „Nächst Gott beruht das Wohlergehen des Reiches auf seiner Flotte", postulierte der Schwedenkönig.

Hybris eines Königs

Immer neue Anweisungen gab Gustav Adolf während der Bauphase. Erst sollte die Wasa noch größer werden, dann noch schwerere Kanonen an Bord aufnehmen können und schließlich auch noch prunkvoller werden. Und obendrein sollte alles schneller gehen, als zunächst geplant – der König hatte es eilig mit dem Stapellauf.

All das ereignete sich in einer Zeit, in der man Schiffe nicht anhand von Plänen baute und mathematische Stabilitätsberechnungen noch unbekannt waren. Vielmehr griffen die Schiffsbauer auf Erfahrungswerte zurück. Doch ein Schiff wie die Wasa war vorher noch nie gebaut worden. Die Kombination aus den königlichen Extrawünschen und der mangelnden Erfahrung der Schiffsbauer führte dazu, dass der Schiffsmittelpunkt der Wasa zu hoch lag, man zu wenig Ballast mit an Bord nahm – und das Schiff schon bei leichtestem Wind nicht mehr seetüchtig war.

In Gottes Hand

Dies fand man aber erst viele Jahre später heraus, nachdem die Wasa 1961 gehoben und im Wasamuseum auf der Insel Djurgården ausgestellt worden war. Die vom König eingesetzte Kommission bestrafte übrigens niemanden. Stattdessen

In Skansen werden Feste noch wie anno dazumal in farbenfrohen Trachten gefeiert und alte Handwerke vorgeführt. Das erste Freilichtmuseum der Welt wurde 1891 eröffnet und setzt sich aus einem Ensemble aus 160 historischen Gebäuden zusammen, darunter auch eine Holzkirche (unten links). Fast wie im Freilichtmuseum kann man sich auch in Sigtunas Innenstadt fühlen (unten rechts).

übernahm sie das Urteil des Baumeisters. Dieser antwortete auf die Frage, wer den Untergang der Wasa denn nun zu verantworten habe: „Das weiß Gott allein."

Hinaus auf die Inseln

Der Stapellauf der Wasa fand an einem Sonntag unter blauem Himmel und bei strahlender Sonne statt. Bei einem solchem Kaiserwetter machen sich heutzutage Tausende kleiner Schiffe hinaus auf den Weg in die Schären. Rund 150 000 Boote befinden sich in Stockholm in Privatbesitz – und an einem Sommersonntag scheinen sie alle unterwegs zu sein. Platz gibt es auf den Schäreninseln dennoch genug. Fast 30 000 Eilande liegen vor Stockholm im Meer. Große und kleine. Bewaldete und unbewaldete. Be-

Fast 30 000 Inseln liegen vor Stockholm im Meer. Rund 50 000 Ferienhäuser befinden sich dort.

wohnte und unbewohnte. Enorm ist auch die Zahl der Ferienhäuser, 50 000 hat man dort erfasst. Das entspricht aber rein rechnerisch nicht einmal zwei Häusern pro Insel.

An der Anlegestelle vor dem Dramaten, dem Nationaltheater, starten die Ausflugsschiffe. Wer im Sommer in der Stadt bleiben muss, kommt am Wochenende hierher. Eine Fahrt mit dem Schiff hinaus in den Schärengarten bietet zumindest eine kleine Flucht. Die Ungeduldigen packen schon während der Hafenausfahrt ihre Thermoskannen und Stullen aus. Kaffeeduft kriecht übers Schiff, und das zweite Frühstück an Bord fordert die ganze Aufmerksamkeit der Esser. Für Stockholms Schönheiten haben die Einheimischen kaum noch einen Blick. Sie haben die Schifffahrt hinaus in die Schären schon viele Male unternommen. Der eine oder andere Passagier gehört sicher zu den Glücklichen,

Uppsala gilt als Stadt der Wissenschaft: Carl von Linné und Anders Celsius wirkten hier, heute studieren rund 40 000 Menschen an der hiesigen Universität. Am Stortorg erhebt sich das 1883 erbaute Rathaus.

Was wäre eine Unistadt ohne blühende Kneipenszene und ausgeprägte Partykultur? Uppsala macht da keine Ausnahme.

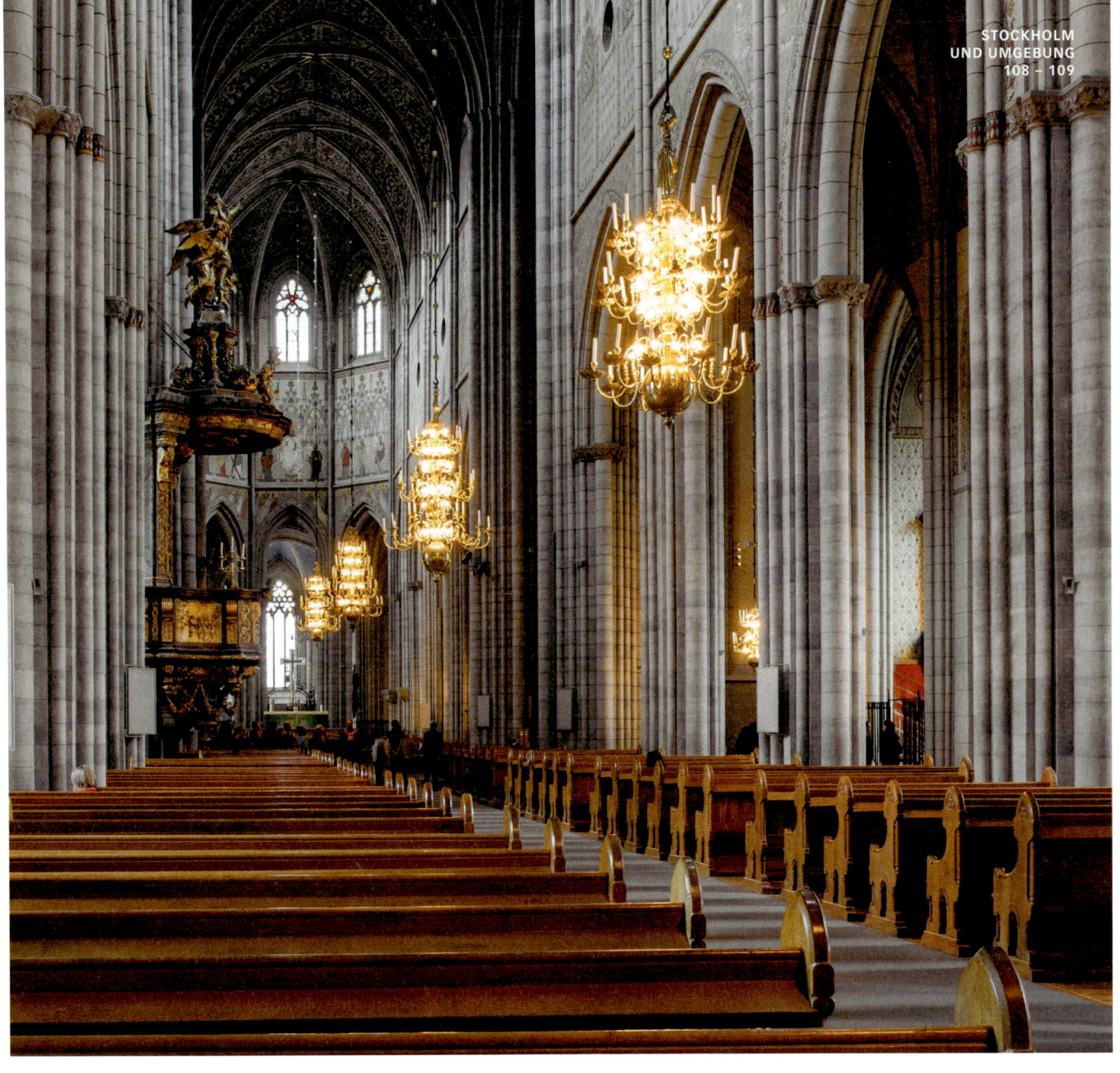

1437 geweiht und mehrfach umgebaut, ist der gotische Dom von Uppsala Krönungs- und Grabkirche vieler schwedischer Könige. König Gustav I. Wasa wurde hier bestattet. Das Langhaus ist berühmt für seine immense Raumwirkung.

Die Schäreninseln üben eine besondere Faszination aus. Auch viele Künstler zieht es dorthin.

die dort draußen ein Wochenendhäuschen besitzen. Touristen freilich versetzt die Fahrt durch die Gewässer der Innenstadt in Begeisterung. Sie genießen die Hafenausfahrt, den Blick nach rechts auf das Schloss und das Moderne Museum. Oder nach links auf die Insel Djurgården – dorthin, wo das Nordische Museum, das Freilichtmuseum Skansen, die Wasa, der Vergnügungspark Gröna Lund und das Abba-Museum liegen.

Künstler auf den Schären

Sobald das Schiff den inneren Hafen verlassen hat, übernimmt die Natur das Kommando über die Farbpalette. Sie gibt die Hintergrundfarben vor: Blau und Grün für Wasser und Wald. Der Mensch darf nur noch einzelne Farbtupfer hinzufügen: Gelb und Rot für die Häuser auf den Inseln, Weiß für die Boote und die Segel auf dem Meer.

Wohl auch wegen der Farben hat es Künstler schon immer hinaus auf die Schäreninseln gezogen. Dort fanden sie Inspiration, konnten gedankenverloren am Ufer sitzen, saubere Luft atmen und dem Geschrei der Möwen zuhören. Schriftsteller wie August Strindberg beispielsweise. Im Vorwort seines Romans „Die Leute von Hemsö" schreibt er, dass die Stockholmer Schären schon immer eine besondere Anziehungskraft auf ihn ausgeübt hätten.

DAS ABBA-MUSEUM

Dancing Queen statt Waterloo

Im Mai 2013 bekam Stockholm eine weitere Attraktion: Das ABBA-Museum lockt Tausende Besucher in die Stadt. Die schwedische Popgruppe gehörte von 1974 bis zu ihrer Auflösung 1982 zu den erfolgreichsten der Welt.

Aus den Vornamen der vier Musiker setzt sich der Bandname ABBA zusammen: Agnetha (unten), Benny (oben), Björn und Anni-Frid .

Für Napoleon bedeutete Waterloo das Ende – für ABBA begann damit eine Weltkarriere. 1974 gewannen die vier Schweden mit diesem Titel den Grand Prix Eurovision. Innerhalb eines Jahrzehnts stiegen sie danach zu einer der weltweit erfolgreichsten Bands auf. 379 Millionen Schallplatten hat ABBA im Laufe der Jahre verkauft, nur die Beatles und Elvis waren noch erfolgreicher.

Mehr als nur eine Band

ABBA ist nicht irgendeine Band. Agnetha, Benny, Björn und Anni-Frid sind schwedisches Kulturgut, das ein eigenes Museum verdient. 2013 war es so weit: Agnetha, Benny, Björn und Anni-Frid stellten dem Museum Schallplatten, Kostüme, Instrumente und viele weitere Erinnerungsstücke zur Verfügung. Auch alle goldenen Schallplatten, die die Band gewonnen hat, kann man sehen. Ein Hingucker sind die grellen Bühnenkostüme aus den 1970er-Jahren, als Agnetha Fältskog und Anni-Frid Lyngstad in ihren knappen Shorts und Miniröcken fast die gesamte pubertierende Jungenwelt Europas betörten. So mancher Vater wird sich beim Museumsbesuch an die Zeit erinnern, als sein Teenagerzimmer mit ABBA-Postern tapeziert war.

Blick ins Ferienhaus

Das Museum präsentiert nahezu alles, was sich ein Fan erträumen kann. Kaum eine Frage über das musikalische Kleeblatt, das sich zum Entzücken des Publikums aus zwei „echten" Pärchen zusammensetzte, bleibt unbeantwortet. Sogar die Ferienhütte der Band wurde nachgebaut, einschließlich des Originalblicks hinaus aufs Meer – eingespielt per Video. Wer mag, kann sich als fünfter ABBA versuchen, auf die Bühne steigen und dort mit seinen Lieblingen „Dancing Queen", „Mamma Mia" oder einen anderen der unvergessenen Hits „performen". Ferner kann man Mitschnitte der größten Konzerte sehen und die zahlreichen „Bravo Ottos" bestaunen, Auszeichnungen, die die Leser des deutschen Jugendmagazins „Bravo" der Band in den Siebzigern Jahr für Jahr aufs Neue verliehen haben.

Silberne Plateaustiefel, wallende Mähnen und ausgefallene Kostüme: die Band stand für glamouröse Auftritte.

Scheidungen vom Partner und von der Band

Angesichts des bis heute ungebrochenen Verkaufs der CDs, Videos und Platten würde ABBA vielleicht noch immer vor ausverkauften Sälen singen, hätte dem Quartett nicht ausgerechnet das einst so werbetaugliche Liebesleben einen Strich durch die Musikrechnung gemacht. Agnetha Fältskog war mit Björn Ulveaus verheiratet, Benny Andersson mit Anni-Frid Lyngstad. Als beide Ehen auf dem Höhepunkt des beruflichen Erfolgs binnen eines Jahres scheiterten, ging es auch mit ABBA bergab. Die Band quälte sich zwar noch bis Ende 1982 über gemeinsame, Harmonie vortäuschende Auftritte hinweg, doch im Dezember 1982 gaben die Vier schließlich das Ende von ABBA bekannt.

Auch der Niedergang des Popquartetts wird in dem Museum nachgezeichnet, wenngleich die Museumsmacher das Ende weniger detailversessen aufgearbeitet haben als die erfolgreichen Zeiten. Den Fans mag das recht sein. Betrauern doch viele noch heute das persönliche Waterloo von Schwedens bekanntesten Stars.

Fakten

....

Besichtigung & Führung

Abba – The Museum, Djurgårdsvägen 68 (neben dem Freizeitpark Gröna Lund); erreichbar mit der Tram Nr. 7, dem Bus Nr. 44 oder der Djurgårdsfähre vom Anleger Slussen

Öffnungszeiten & Eintritt

Mai–Aug. tgl. 10.00–20.00, Sept.–Mitte Dez. Mo., Di., Fr., Sa 10.00–18.00, Mi., Do. 10.00–20.00, Mitte–Ende Dez. Mo.–So. 10.00–18.00 Uhr; letzter Einlass 90 Minuten vor Schließung. Eintritt: 195 SEK (Ticketbuchung online möglich)

www.abbathemuseum.com

Hauptstadt inmitten von Natur

Die Ostsee und der Mälaren nehmen die Stadt sanft in den Arm, die vielen Bäume in ihren Parks und entlang der Straßen hauchen ihr Luft ein. Seit 2005 liegt in Stockholm sogar der erste innerstädtische Nationalpark der Welt. Mitten in der Stadt kann man an nur einem Tag aufregende Museen besichtigen und Lachse angeln.

❶ – ❿ Stockholm

Stockholm (1,4 Mio. Einw.), die größte Stadt Skandinaviens, liegt am Übergang vom Mälaren in die Ostsee und ist auf 14 Inseln erbaut. Als Stadtgründer gilt Birger Jarl, der um 1250 diesen für den Seehandel idealen Platz befestigen ließ. Im 14. Jh. erlangte die Hanse große Bedeutung; viele Deutsche stiegen in wichtige Positionen auf. Seit 1634 ist Stockholm die Hauptstadt Schwedens.

Tipp

Essen der Sieger

Im Stadshuskällaren kann jeder speisen wie ein Nobelpreisträger – ein nicht ganz billiges, aber erlesenes kulinarisches Vergnügen. Wer einige Tage im Voraus bestellt und mit mindestens acht Personen kommt, kann sich jedes Nobelpreismenü seit 1901 servieren lassen. Wie wäre es mit dem Lammrücken, den Heinrich Böll 1972 speiste, oder dem Lammfilet, das Günter Grass 1999 verzehrte?

Stockholms Stadshus
Hantverkargatan 1, 10535 Stockholm
Tel. 08 58 62 18 30
www.stadshuskallarensthlm.se

SEHENSWERT

Am Rande des Mälarsees erhebt sich das 1911 bis 1923 erbaute ❶ **Stadshus** mit seinem gut 100 m hohen Turm. Jedes Jahr im Dezember findet hier das Nobelpreisdinner statt (Hantverkargatan 1, www.stockholm.se/cityhall, Besichtigung nur mit Führungen, Juni–Aug. tgl. alle 30 Min. 9.30–16.00, sonst tgl. 10.00, 11.00, 12.00, 14.00, 15.00 Uhr, Sa. mitunter eingeschränkte Besuchsmöglichkeiten). Über die Centralbron erreicht man das 1641 bis 1674 im Stil des holländischen Barock erbaute ❷ **Riddarhus**, eines der schönsten Herrschaftshäuser der Stadt. Der Rittersaal im ersten Stock des Gebäudes diente bis 1866, als man die Ständeversammlung auflöste, als Sitzungssaal des Adels. An seinen Wänden hängen Wappenschilder der 2330 schwedischen Adelsgeschlechter (Riddarhustorget 10, Mo.–Fr. 11.00 bis 12.00 Uhr, www.riddarhuset.se). Die wenige Schritte entfernt liegende **Riddarholmskyrka** (13. Jh.) ist Begräbniskirche des schwedischen Königshauses. 17 Könige sind hier bestattet, darunter der im Dreißigjährigen Krieg bei Lützen gefallene Gustav II. Adolf (Mitte Mai–Mitte Sept. tgl. 10.00–17.00, Mitte Sept.–Nov. Sa., So. 10.00–16.00 Uhr).
Das alles beherrschende Gebäude in **Gamla Stan** TOPZIEL ist das ❸ **Königliche Schloss**. Es wurde in seiner heutigen Form 1770 fertiggestellt, nachdem der Vorgänger 1697 abgebrannt war. Das Renaissance-Gebäude besteht aus 608 Räumen, von denen einige als königliche Arbeitszimmer dienen. Lohnend ist die Besichtigung der Königlichen Gemächer und der Schatzkammer mit den schwedischen Reichskleinodien (www.kungahuset.se, Mitte Sept. bis Mitte Mai Di.–So. 12.00–16.00, Mitte Mai–Mitte Sept. tgl. 10.00–17.00 Uhr). In der Schlosskirche werden die schwedischen Prinzen und Prinzessinnen getauft (Mitte Mai–Ende Sept. tgl. 10.00–17.00 Uhr, Gottesdienst So. 11.00 Uhr). Kein Besuch des Schlosses ist ohne einen Fotostopp beim Wachwechsel komplett (Mo.–Sa. 12.15, So. 13.15 Uhr).
Direkt neben dem Schloss kommt man zur **Storkyrka**, einer der ältesten Kirchen der Stadt (erbaut 1279); die Fassade, wie sie heute zu sehen ist, wurde 1736 bis 1742 im Barockstil umgestaltet. Die Storkyrka dient als Krönungs- und

Wahrzeichen Stockholms: Das Stadshus mit seinem markanten Turm

Hochzeitskirche des Königshauses. Auch Kronprinzessin Victoria und Daniel Westling heirateten hier 2010 (Sept.–Mai tgl. 9.00–16.00, Juni Mo.–Fr. 9.00–17.00, Sa., So. 9.00–16.00, Juli, Aug. Mo.–Fr. 9.00–18.00, Sa., So. 9.00–16.00 Uhr, www.stockholmsdomkyrkoforsamling.se).
Der ❹ **Stortorg** im Zentrum von Gamla Stan war bis ins 18. Jh. der zentrale Marktplatz der Stadt. Früher wurden hier Verbrecher hingerichtet. Dominierendes Gebäude am Platz ist die alte **Börse** (18. Jh.) an seiner Nordseite (heute Nobelmuseum, s. S. 114). Unweit vom Stortorg erreicht man im einstigen Viertel der deutschen Kaufleute die **Tyska kyrka**, die Deutsche Kirche (Svartmangatan 16, Mi., Fr., Sa. 12.00–16.00, So. ab 12.30, in der Sommersaison schon ab 11.00 Uhr). Zunächst als Gildehaus der Hansekaufleute errichtet, wurde sie erst im 16. Jh. zur Kirche umgebaut. Der 96 m hohe Turm ist der höchste Punkt von Gamla Stan.
Im Stadtteil **Södermalm**, früher das Zuhause von Arbeitern, Prostituierten und Tagelöhnern, wohnen heute viele Künstler und Studenten. Besonders das Viertel am ❺ **Mariaberg** mit seinen engen Gassen, alten Häusern und vielen Galerien lohnt einen Besuch.

Der **7** **Sergels torg**, der zentrale Platz im Zentrum, ist alles andere als eine Schönheit. Hier finden politische Demonstrationen und Feiern statt. Auch das **Kulturhus** mit Kunstgalerien, Cafés, Restaurants, Bibliothek und dem Stadttheater befindet sich hier (www.kultur huset.stockholm.se). Der **8** **Kungsträdgården** (Königlicher Garten) ist Treffpunkt für Einwohner und Besucher der Stadt.

MUSEEN

Der prächtige Bau des viel besuchten **10** **Nationalmuseums** wurde 1866 nach Plänen des deutschen Architekten Friedrich August Stüler errichtet. Sehenswert ist u. a. die ausgezeichnete Sammlung von Werken französischer Maler (darunter Cézanne, Degas, Gauguin, Manet, Monet) sowie schwedischer Künstler (www. nationalmuseum.se; bis ca. 2018 Renovierung; Teile der Sammlung sind in der Kunstakademie zu besichtigen: Fredsgatan 12, Juni–Aug. Di., Mi., Fr.–So. 10.00–17.00, Do. 10.00–20.00, Sept. Di.–Fr. 11.00–17.00, Sa., So. 12.00–16.00, sonst Mi., Fr.–So. 10.00–17.00, Di., Do. 10.00–20.00 Uhr). Das **11** **Museum für zeitgenössische Kunst** (Moderna museet) zeigt wichtige schwedische Künstler sowie internationale Größen wie Picasso, Dali und Matisse. Im gleichen Gebäude ist das **Architekturmuseum** untergebracht (Exercisplan, Skeppsholmen, Di., Fr. 10.00–20.00, Mi., Do., Sa., So. 10.00–18.00 Uhr, www.modernamuseet.se).
Das **4** **Nobelmuseum** im Zentrum von Gamla Stan porträtiert die Nobelpreisträger und Alfred Nobel (Stortorget 2, www.nobelmuseum. se, Sept.–Mai Di. 11.00–20.00, Mi.–So. 11.00 bis 17.00, Juni– Aug. tgl. 10.00–20.00 Uhr).
Eine Hauptattraktion des **12** **Historischen Museums** ist der Goldraum im Gewölbekeller, in dem rund 50 kg Gold und 250 kg Silber in Form von unschätzbar wertvollen Kunstgegenständen lagern. Die Wikingerabteilung mit rund 4000 Artefakten ist die wohl größte der Welt (Narvavägen 13–17, www.historiska.se, Sept. bis Mai Di., Do.–So.11.00–17.00, Mi. 11.00 bis 20.00, Juni–Aug. tgl.10.00–18.00 Uhr).
Djugården war einst Jagdgebiet der Könige, heute gehört es mit zum Ekoparken (s. rechts): Das hier beheimatete **13** **Nordische Museum** illustriert schwedische Kulturgeschichte. Dauerausstellungen dokumentieren das Werk Strindbergs und beschäftigen sich u. a. mit Trachten und Wohnkultur (Djurgårdsvägen 6–16, www.nordiskamuseet.se, tgl. 10.00 bis 17.00, außerhalb der Sommersaison Mi. bis 20.00 Uhr). Im **14** **Wasamuseum** ist das 1628 gekenterte und 1961 gehobene Flaggschiff der Kriegsflotte Gustav Adolfs ausgestellt. Der restaurierte, 61 m lange und 12 m breite Dreimaster ist in all seiner Pracht zu sehen (Galärvarvsvägen 14, www.vasamuseet.se, Juni–Aug. tgl. 8.30–18.00, sonst 10.00–17.00, Mi. 10.00–20.00 Uhr). Der Besuch von **15** **Skansen** ist wie eine Reise durch Schweden vor der Industrialisierung: Bereits 1891 öffnete das älteste Freilichtmuseum der Welt, das auf 300 000 m² rund 150 historische Gebäuden aus allen Landesteilen ausstellt (Djurgårdsslätten 49, www.skansen. se, Mittsommer–Mitte Aug. tgl. 10.00–22.00,

Zwei Facetten, eine Stadt: oben der Blick vom Stadshuset auf das „alte" Stockholm, rechts das „moderne" am Sergels torg

Sept. 10.00–18.00, Mai–Mittsommer 10.00 bis 19.00, April, Okt. 10.00–16.00, sonst Mo.–Fr. 10.00–15.00, Sa., So. 10.00–16.00 Uhr). 2013 eröffnete das **16** **Abbamuseum** (s. DuMont Thema, S. 110). Neben diesem liegt der Vergnügungspark **Gröna Lund** (www.gronalund. com, Ende April–Ende Sept., Details s. Webseite, meistens 10.00–23.00 Uhr).
Am gegenüberliegenden Ufer befindet sich das **17** **Fotografiska**, das größte Fotomuseum Nordeuropas, mit regelmäßigen Wechselausstellungen (Stadsgårdshamnen 22, tgl. 9.00 bis 23.00 Uhr, www.fotografiska.eu).

UMGEBUNG

Unbedingt besuchen sollte man das prachtvolle **18** **Schloss Drottningholm** TOPZIEL (17.Jh.) auf der Mälarinsel Lövön, seit 1991 Teil des UNESCO-Weltkulturerbes. Besonders opulent sind das Schlafzimmer von Königin Hedwig Eleonora und die Rokokobibliothek von Königin Luise Ulrika. Im barocken Schlosstheater werden bei den Aufführungen originale Bühnenbilder benutzt (Nov.–März Sa., So. 12.00–15.30, April, Okt. Fr., Sa., So. 11.00–15.30, tgl. 11.00 bis 15.30, Mai–Sept. tgl. 10.00–16.30 Uhr).
Der **19** **Haga Park** wurde von König Gustav III. am Ende des 18. Jhs. im Stil eines englischen Parks angelegt. Sehenswert sind die Kupferzelte der Leibgarde und das Schmetterlingshaus. Schloss Haga ist Wohnsitz des Thronfolgerehepaares. Der Park gehört zum **Ekoparken** TOPZIEL, dem ersten Nationalpark, der in einer Stadt ausgewiesen wurde; er umfasst auch Teile des **Schärengartens** (www.eko parken.se, s. DuMont Aktiv, S. 115).

HOTELS

Im € € € € **Grand Hôtel** (Södra Blasieholmshamnen 8, Tel. 08 6 79 35 00, www.grandhotel. se) übernachten seit seiner Eröffnung die Rei-

chen und Schönen; auch die Nobelpreisträger nächtigen jedes Jahr hier.
Das € **Af Chapman** (Flaggmansvägen 8, Tel. 08 4 63 22 66, www.stfchapman.com) ist keine normale Jugendherberge. Wer auf dem 1888 erbauten Dreimaster übernachten will, muss mehrere Monate im Voraus reservieren. Vom Deck aus genießt man den bestmöglichen Blick auf das Königliche Schloss.

RESTAURANTS

Südlich der Folkungagatan (South of Folkungagatan/**SoFo**, der Name ist eine Anlehnung an Soho in London) beginnt Södermalms Ausgehbezirk mit allerlei Restaurants, Kneipen sowie Mode- und Designgeschäften.
Das € € **Pelikanen** (Tel. 08 55 60 90 90, Blekingegatan 40) bietet deftige Hausmannskost. Es war einst das Stammlokal des Dichters und Komponisten Carl Michael Bellmann (1740–1795).

KONZERT UND THEATER

Die **6** **Kungliga Opera** von 1898 ist das Haus der Schwedischen Nationaloper und des Balletts (Gustav Adolfs torg, außerhalb der Vorstellungen ist der Zutritt nur im Rahmen einer Führung möglich, Infos: www.operan.se).
Der imposante Bau des **9** **Dramaten** am Nybroplan ist Sitz des schwedischen Nationaltheaters. Die reich ornamentierte Fassade orientiert

Der Ekoparken, der erste Nationalpark, der in einer Stadt ausgewiesen wurde, umfasst auch Teile des Schärengartens.

sich am Wiener Jugendstil (Nybroplan, www.dramaten.se, jeden Sa. um 17.00 Uhr öffentliche Führung, Tickets unter Tel. 08 6 67 06 80).

SHOPPING

Die **Drottninggatan** ist die wichtigste Einkaufsstraße im Zentrum von Stockholm. Sie führt von Gamla Stan quer durch Norrmalm. Am Südende der Straße findet man eher Souvenirgeschäfte und günstige Läden, in der Gegend um den Sergels torg große Kaufhäuser und weiter im Norden teurere Boutiquen.

㉑ Sigtuna

Sigtuna (8500 Einw.), im 11./12. Jh. Bischofssitz, verlor mit dem Aufstieg von Uppsala und Stockholm im ausgehenden Mittelalter an Bedeutung. Heute ist es eine idyllische Kleinstadt mit hübschen Holzhäusern aus dem 18. und 19. Jh.

SEHENSWERT

Sehenswert sind das kleinste **Rathaus** Schwedens (18. Jh.) und die **Marienkirche** (13. Jh.), sowie das Museum mit Funden aus dem Mittelalter und der Wikingerzeit (Stora gatan 55, www.sigtunamuseum.se, tgl.12.00–16.00 Uhr, Sept.–Mai Mo. geschl.). In der Umgebung lohnt der Besuch von **Skokloster**, dem größten privat erbauten Palast Schwedens (Juni–Aug. tgl. 11.00–17.00, Mai, Sept. Sa., So. 11.00–16.00 Uhr, www.skoklostersslott.se).

INFORMATION

Destination Sigtuna, Stora gatan 33 19323 Sigtuna, Tel. 08 59 48 06 50 http://destinationsigtuna.se

㉒ Uppsala

Uppsala (140 000 Einw.) wurde 1273 Bischofssitz, 1477 öffnete hier die erste Universität Nordeuropas ihre Türen. Studenten bestimmen heute noch das Bild der lebhaften Stadt.

SEHENSWERT

Der gotische **Dom** TOPZIEL (1270–1435) gehört zu den eindrucksvollsten Gotteshäusern in Nordeuropa (www.uppsaladomkyrka.se, tgl. 8.00–18.00 Uhr). Hier sind die Könige Gustav Wasa (1496–1560) und Johan III. (1532–1597) sowie der Botaniker Carl von Linné (1707 bis 1778) beigesetzt. In der **Universitätsbibliothek** Carolina Rediviva (Dag Hammarskjölds väg 1, www.ub.uu.se, Mo.–Fr. 8.30–17.00 Uhr) bewahrt man den Codex Argenteus auf, eine berühmte, im 6. Jh. im norditalienischen Ravenna gefertigte Silberbibel. Auf einem Hügel liegt das 1549 auf Befehl Gustav Wasas erbaute **Schloss** (www.vasaborgen.se), das heute sowohl das Kunstmuseum als auch den Sitz des Regierungspräsidenten beherbergt.

INFORMATION

Destination Uppsala Kungsgatan 59 75321 Uppsala, Tel. 018 7 27 48 00 www.destinationuppsala.se

Genießen   Erleben   Erfahren

Hinaus in die Schären

DuMont Aktiv

Unmittelbar vor der Stadt liegen fast 30 000 Inseln. Sie sind die Spielwiese der Stockholmer, von denen viele dort ein Haus besitzen. Wer es einrichten kann, verbringt zumindest im Sommer die Wochenenden in den Schären.

Ausflugs- und Linienboote in die Schären legen am Strandvägen vor dem Dramatischen Theater und am Kai vor dem Karl XII:s torg ab. Wer schnell am Ziel seiner Inselträume sein will, fährt zu den Fjäderholmerna hinaus; nur 20 Minuten dauert die Überfahrt zu den Federinseln. Diese locken vor allem am Wochenende viele Besucher an, die in einem der Inselrestaurants essen, die Sonne genießen oder bei einem der vielen Kunsthandwerker einkaufen wollen. Allerdings: Das typische Robinson-Crusoe-Gefühl bekommt man auf den Fjäderholmerna nicht. Der Tipp für einen Ausflug in die Schären lautet deswegen, sich eine möglichst unbekannte Insel aussuchen, auf der wenige Menschen leben, und dort mit dem Picknickkorb bewaffnet einen Tag am Meer zu erleben.

Auf einigen Schäreninseln kann man auch Ferienhäuser mieten – nur eine Stunde Bootsfahrt vom Zentrum der Hauptstadt entfernt kann man dort seinen Urlaub in völliger Einsamkeit verbringen. Eine Tour nach Vaxholm auf Vaxön, das über Brücken mit dem Festland verbunden ist, könnte man mit dem eigenen Auto unternehmen. Viel schöner ist es aber, wenn man den Ausflug zu dem alten Fischerort und seiner Festung mit dem Schiff unternimmt.

Weitere Informationen

Bootsverkehr

Abfahrtszeiten der Ausflugs- und Linienboote in die Schären bei Waxholmsbolaget: www.waxholmsbolaget.se; bei Strömma: www.stromma.se

Autofähren

Infos zu den staatlichen Autofähren innerhalb des Schärengartens unter: www.trafikverket.se. Fähren zu den Inseln Fjäderholmerna: www.fjaderholmarna.se; nach Vaxholm: www.vaxholm.se

Stockholms Schären: Idylle und Ruhe nur wenige Bootsminuten entfernt

Knäckebrot im Freilichtmuseum Gamla (oben); typisches Schwedenhaus bei Karlsborg (rechts oben); fangfrischer Fisch beim Händler in Stockholm (rechts unten)

Service

Keine Reise ohne Planung. Auf den folgenden Seiten haben wir für Sie Wissenswertes und wichtige Informationen für Ihren Schweden-Urlaub zusammengestellt.

Anreise

Auto/Fähre: Die Öresundbrücke (Maut) verbindet Kopenhagen mit Malmö. Mit Fähren von der deutschen Ostseeküste aus: Stena Line steuert mehrmals täglich von Sassnitz und Rostock Trelleborg an. Rostock–Trelleborg bietet auch TT-Line an, die zusätzlich Travemünde mit Trelleborg verbindet. Finnlines verkehren zwischen Travemünde und Malmö. An die schwedische Westküste führt die Stena-Line-Fähre von Kiel nach Göteborg. Für Reisende nach Dalsland oder zum Vänern kann die Fährverbindung zwischen Kiel und Oslo, die täglich von Color Line bedient wird, eine Alternative sein.
Bahn: ICE/EC von Hamburg über die Vogelfluglinie nach Kopenhagen und über die Öresundbrücke weiter nach Malmö. Alternativ ab Berlin über Sassnitz und Trelleborg nach Malmö.
Flugzeug: Folgende Flughäfen werden u. a. von SAS Scandinavian Airlines, Lufthansa, Germanwings, Air Berlin, Ryan Air und Norwegian – mitunter auch täglich – angeflogen: Stockholm-Arlanda, Stockholm-Skavsta (bei Nyköping), Göteborg-Landvetter und der Småland Airport in Växjö sowie der Flughafen Kopenhagen in Dänemark.
Bus: Eurolines fährt über München, Frankfurt, Hannover und Hamburg nach Malmö, Göteborg und Stockholm; Berlin Linien Bus bedient die Strecke von Berlin nach Malmö, Helsingborg und Göteborg.

Arzt und Apotheke

Das schwedische Gesundheitssystem ist gut ausgebaut. Bei akuten Erkrankungen und Unfällen wendet man sich an die Unfallambulanzen der Krankenhäuser (*akutmottagningen*). Für die Abrechnung der Leistungen mit der Krankenkasse ist eine Europäische Krankenversichertenkarte nötig. Zusatzkosten kann man durch eine Auslandskrankenversicherung abdecken lassen.
Medikamente sind ausschließlich in Apotheken erhältlich, häufig nur gegen Rezept. Die Apotheken sind zu normalen Geschäftszeiten geöffnet. In den größeren Städten gibt es auch einen 24-Stunden-Service.

Auskunft

Überregional
Visit Sweden
Voltvägen 32, 83148 Östersund
Tel. 069 22 22 34 96 (Deutschland)
Tel. 0192 8 67 02 (Österreich)
Tel. 044 5 80 62 94 (Schweiz)
www.visit-sweden.com
Regional
Blekinge: Visit Blekinge, Kungsbron 5, 37132 Karlskrona, Tel. 0411 23 66 05, www.blekinge.se
Schonen: Turism in Skåne, Dockplatsen 26, 21119 Malmö, Tel. 040 6 75 30 01, http:// visitskane.com.
Småland: Visit Småland, Västra Storgatan 18a, 55111 Jönköping, Tel 036 35 12 70, www.visitsmaland.se.
Halland: Region Halland, Box 517, 30180 Halmstad, Tel. 035 13 48 00, www.halland.se
Östergötland: Visit Östergötland, Drottninggatan 26, 60224 Norrköping, Tel. 010 1 03 00 00, www.visitoster gotland.se

Stockholm: Tourist Center, Sergels Torg 5, 11120 Stockholm, Tel. 08 50 82 85 08, www.visitstockholm.com/de
Vastsverige: Västsvenska Turistrådet, Kungsportsavenyn 37, 41136 Göteborg, Tel. 031 81 83 00, www.vastsverige.com

Autofahren

(Abblend-)Licht ist immer Pflicht. Die zulässige **Höchstgeschwindigkeit** außerhalb geschlossener Ortschaften liegt bei 90 km/h, auf Autobahnen bei 110 km/h; für Wohnwagengespanne gilt eine Höchstgeschwindigkeit von 80 km/h. Die Strafen für Geschwindigkeitsüberschreitungen sind empfindlich. Für **Alkohol am Steuer** gilt eine 0,2-Promille-Grenze. Schon ein Glas Wein genügt, um diese zu überschreiten. Führerscheinentzug droht.

Essen und Trinken

Die **schwedische Küche** hatte lange Zeit einen schlechten Ruf. Das hat sich in den vergangenen Jahren grundlegend geändert, besonders die Spitzengastronomie muss keinen Vergleich scheuen. Schwedische Köche gewinnen immer wieder hochrangige internationale Auszeichnungen. Neben der Kochkunst zeichnen hochwertige regionale Zutaten Schwedens

Tagesausflügler verlassen die Fähre zur Insel Gotska Sandö.

Spitzenküche aus – insbesondere Fisch, Meeresfrüchte, Elch- und Rentierfleisch.

Restaurants: Trinkgeld zu geben, ist nicht üblich. Bemerkenswert ist, dass die Top-Restaurants preislich nicht über deutschem Niveau liegen. Einfache Restaurants und Hamburgerbuden verlangen dagegen Preise, die deutlich über denen liegen, die man von zu Hause gewöhnt ist. Die in diesem Band gegebenen Restaurantempfehlungen enthalten Angaben zu den Preisen wie folgt:

Preiskategorien

€€€€	Hauptspeisen	über 35	€
€€€	Hauptspeisen	25 – 35	€
€€	Hauptspeisen	12 – 25	€
€	Hauptspeisen	unter 12	€

Essenszeiten: Das **Mittagessen** heißt auf Schwedisch *lunch*, das **Abendessen** – sehr zur Verwirrung vieler Touristen – *middag*. Wem es zu teuer ist, in Schweden am Abend essen zu gehen, findet zur Mittagszeit eine Alternative. Viele Restaurants bieten zwischen 11.00 und 14.00 Uhr ein **Tagesgericht** *(dagens rätt)* an, das meistens günstig ist und zu dem kostenlos Brot, Butter, Salat, Softdrink und Kaffee gereicht werden.

Hauptspeisen: Kalorienreiches Essen und gut haltbare Lebensmittel sind die Charakteristika schwedischer Küche, die damit den Ansprüchen von schwer arbeitenden Fischern und Bauern und dem langen schwedischen Winter ohne Frischkost Tribut zollt. Die zahlreichen Variationen von eingelegtem Hering, von denen viele eine süßsaure Note haben, sind hierfür ein Beispiel, gebeizter **Lachs** *(gravlax)* ein anderes. Der Lachs wurde ursprünglich gesalzen und im Boden vergraben, um ihn haltbar zu machen – *grav* bedeutet „graben". Auch das **Knäckebrot** war ursprünglich wegen seiner langen Haltbarkeit „erfunden" worden.

Das legendäre schwedische **Smörgåsbord** ist zwar etwas aus der Mode gekommen, doch wer mit dem Schiff anreist, kann sich während der Überfahrt an dem langen skandinavischen Buffet satt essen, wo Smörgåsbord zu den unabkömmlichen Elementen des kulinarischen Angebots zählt. Seinen Ursprung hat die lange Tafel in der Tradition der Bauernfeste, zu denen jeder Gast ein paar Speisen beisteuerte; wie einst werden diese auf einem langen Tisch zusammengestellt.

Typisch schwedisch sind auch die ***köttbullar*** (ausgesprochen: „schöttbullär") genannten Fleischbällchen. Diese sind, richtig zubereitet, durchaus ein kleine Leckerei, für die früher jede Familie ihr ureigenes Rezept hatte und oft noch hat. Durch die Versionen, die an Straßenkiosken verkauft werden, haben *köttbullar* aber viel von ihrem guten Ruf eingebüßt.

Getränke: Schweden sind starke Kaffeetrinker, nach den Finnen konsumieren sie weltweit die größten Mengen **Kaffee**. Die *fika*, die Kaffeepause, hat landesweite Tradition. Dabei trinkt man ein gemütliches Tässchen Kaffee und isst ein Gebäckstück, am liebsten eine **Zimtschnecke**.

Trotz der nördlichen Lage gibt es inzwischen in Südschweden 30 Weingüter. Allerdings ist schwedischer Wein bisher eher eine Kuriosität. Was im Lande ausgeschenkt wird, kommt in aller Regel aus dem Ausland. Neben **Wein** wird vor allem **Bier** getrunken; auch Wodka und Aquavit sind beliebt.

Alkohol, mit Ausnahme von leichtem und mittelstarkem Bier, erhält man nur im **Systembolaget**, den staatlichen Monopolgeschäften.

Feiertage, Feste, Ferien

Folgende Tage sind in Schweden Feiertage, an denen auch die Geschäfte geschlossen bleiben: Neujahr, Heilige Drei Könige (6. Januar), Karfreitag, Ostermontag, Tag der Arbeit (1. Mai), Himmelfahrt, Mittsommer, Allerheiligen (1. November), Heiligabend, 1. und 2. Weihnachtsfeiertag und Silvester. Seit 2005 ist der schwedische Nationalfeiertag am 6. Juni ein Feiertag, dafür ist Pfingstmontag nicht mehr arbeitsfrei.

Besonders ausgiebig und ausgelassen wird das **Mittsommerfest** gefeiert, und zwar immer am Wochenende, das dem 24. Juni am nächsten liegt. Hierbei wird ein großer oder kleiner, mit Blumen und Zweigen geschmückter Baumstamm aufgestellt. Im Kreis von Freunden und Familie wird gegessen, getrunken und bei Musik und Tanz die Sommersonnwende gefeiert.

Info

Daten & Fakten

Landesnatur: Schweden liegt im Norden Europas, im Westen grenzt Norwegen an, im Osten Finnland. Von seinem Nachbarland Dänemark ist es nur durch den schmalen Öresund getrennt, den seit 2000 eine Brücke überspannt. Schweden misst 450 000 km² und ist damit das drittgrößte Land Westeuropas. Das hier im Band besprochene Gebiet umfasst etwa 150 000 km².

Die größten Seen liegen im Süden Schwedens: Vänern (5519 km²), Vättern (1886 km²), Mälaren (1090 km²). Zum Vergleich: der Bodensee misst 536 km².

Der mit 2117 m höchste Berg, der Kebnekaise liegt in Nordschweden. Der Süden des Landes ist relativ flach. Der Tomtabacken (377 m) ist die höchste Erhebung von Småland, bei Örebro liegt der Svinhöjden mit 436 m.

Bevölkerung: Schweden zählt 9,64 Millionen Einwohner, von denen die Mehrzahl im Süden des Landes beheimatet ist. Mehr als 2 Millionen Menschen leben im Großraum Stockholm. Auch die zweitgrößte Stadt, Göteborg (520 000 Einw.), und die drittgrößte, Malmö (312 000 Einw.), liegen in Südschweden. Schwedisch ist Amtssprache.

Regierungsform: Schweden ist eine konstitutionelle Monarchie mit König Carl XVI. Gustaf als Staatsoberhaupt. Im Stockholmer Parlament, dem Riksdag, sitzen 349 Abgeordnete, gegenwärtiger Regierungschef ist Stefan Löfren von der konservativen „Moderata Samlingspartiet".

Wirtschaft: Die wichtigsten Exportgüter sind Papierprodukte, elektrisches und Computer-Zubehör, Autos, Maschinen, chemische und pharmazeutische Produkte, Eisen und Stahl sowie Lebensmittel. Fast alle großen Industriebetriebe – mit Ausnahme einiger Papierfabriken – liegen im Süden des Landes.

Klima: Das Klima in Schweden ist deutlich milder, als es die nördliche Lage vermuten ließe. Grund ist vor allem die Nähe zum Atlantik mit dem Golfstrom. Niederschläge fallen im Sommer und im Herbst etwas reichhaltiger aus und dann wegen des Westwinds verstärkt in den westlichen Teilen des Landes. Im Durchschnitt liegt die Niederschlagsmenge bei 500 bis 800 mm pro Jahr. Am wenigsten regnet es auf den Inseln an der Ostsee. Gotland ist die Region mit den meisten Sonnenstunden in ganz Schweden.

Dampfschiff an der Stock-holmer Stroembron (links), Ritterspiele in Visby (rechts)

Kein Feiertag, aber ein wichtiger Termin im Festkalender ist das **Lucia-Fest** am 13. Dezember. Zu Zeiten des gregorianischen Kalenders fiel Lucia auf die Wintersonnwende. Heute begehen blumengeschmückte und weiß gekleidete Kinder und Jugendliche mit Kerzen in den Händen das Fest in Kindergärten und Schulen. Das Mädchen, das die Lucia spielt, trägt einen Kerzenkranz auf dem Kopf.

Die **Sommerferien** beginnen in Schweden Anfang/Mitte Juni und enden Mitte/Ende August. Die meisten Betriebe sind den ganzen Juli über geschlossen. Viele Museen, vor allem auf dem Land, haben deswegen paradoxerweise in der Sommersaison kürzere Öffnungszeiten als in der vermeintlichen Nebensaison.

Geld

Obwohl Schweden Mitglied der Europäischen Union ist, wird dort weiterhin mit der Schwedischen Krone (SEK) bezahlt. Im Umlauf sind Banknoten zu 1000, 500, 100, 50 und 20 Kronen und Münzen zu 10, 5 und 1 Krone. Mit Kreditkarte zu zahlen, ist üblich, auch Kleinstbeträge. Bei einigen großen Ketten kann man auch in Euro bezahlen. Der Umrechnungskurs liegt bei etwa 9:1, d.h. für 1 € erhält man 9 SEK. Am einfachsten ist das Geldabheben in Schweden an einem **Geldautomaten** mit Bank- oder Kreditkarte.

Geschäftszeiten

Staatlich festgelegte Öffnungszeiten gibt es in Schweden nicht. **Geschäfte** sind im Allgemeinen werktags von 9.00 bis 18.00, samstags von 9.00 bis 14.00, teils bis 16.00 Uhr geöffnet. Die großen **Supermärkte** und Warenhäuser haben bis 20.00, teils bis 22.00 Uhr geöffnet, viele von ihnen auch am Sonntag zwischen 12.00 und 16.00 Uhr. **Banken** öffnen montags bis freitags von 9.30 bis 15.00 Uhr, am Donnerstag bis 18.00 Uhr.

Die **Rückerstattung der Mehrwertsteuer** (Tax Free) ist für Bürger aus Nicht-EU-Staaten möglich, wie beispielsweise der Schweiz.

Jedermannsrecht

Das schwedische Jedermannsrecht (*allemansrätten*) gestattet es, wilde Blumen und Beeren zu pflücken, Pilze zu sammeln und herabgefallene Zweige und Reisig aufzulesen. Nicht gepflückt werden dürfen alle unter Naturschutz stehenden Pflanzen. Weiter gestattet das Jedermannsrecht, sich frei in der Natur zu bewegen. Auch eingezäuntes Gelände darf man durchqueren. Dass man Tore und Gatter wieder hinter sich schließt, ist selbstverständlich; Zäune von Hausgrundstücken dürfen aber keinesfalls überklettert werden. Campen dagegen ist außerhalb der Sichtweite von bewohnten Häusern für eine Nacht erlaubt, größere Gruppen benötigen dafür jedoch die Erlaubnis des Grundeigentümers. Ausführliche Informationen: www.naturvardsverket.se/allemansratten.

Geschichte

Info

3000 v. Chr. Erste menschliche Besiedlung
1500 v. Chr. Bronzezeit, Felsritzungen
98 n. Chr. Der römische Geschichtsschreiber Tacitus erwähnt die „mächtigen Schwedenkönige" in seiner „Germania".
9. Jh. Beginn der Christianisierung
um 900 Die schwedischen Wikinger gelangen über russische Flüsse bis zum Kaspischen Meer.
1008 Taufe von König Olof Skötkonung
1164 Uppsala wird Erzbischofstum.
13. Jh. Schwedische Expansion nach Finnland. Die Hanse gewinnt an Einfluss.
1360/61 Schweden verliert Schonen und Gotland an Dänemark.
1397 Kalmarer Union. Vereinigung der Königreiche Schweden, Dänemark und Norwegen unter der dänischen Königin Margarethe
1434 Bauern erheben sich gegen Erich von Pommern und setzen ihn ab. Es wird ein Vierstände-Reichstag gebildet, dem Adel, Geistlichkeit, Bürger und Bauern angehören.
1520 Der dänische König Christian II., damals auch schwedischer Herrscher, lässt im „Stockholmer Blutbad" führende schwedische Adlige hinrichten. Durch einen Volksaufstand unter Führung von Gustav Eriksson Wasa wird er vertrieben. 1523 wird Gustav Wasa König, 1527 führt er die Reformation ein.
1630 König Gustav II. Adolf greift in den Dreißigjährigen Krieg ein; er fällt 1632 in der Schlacht von Lützen.
1648 Im Westfälischen Frieden wird Schweden zur führenden Macht in Nordeuropa.
1700–1721 Mit dem Großen Nordischen Krieg gegen Russland, Sachsen-Polen und Dänemark endet die schwedische Vorherrschaft über den Ostseeraum.
1719–1772 Während der Freiheitszeit entwickelt sich ein parlamentarisches System, der König verliert weitgehend an Einfluss.
1766 Als weltweit erstes Land führt Schweden die Pressefreiheit ein.

1772 Mit Thronbesteigung von Gustav III. endet die Freiheitszeit; er stellt die absolutistische Monarchie wieder her. 1792 wird er bei einem Maskenball erschossen.
1809 In den Napoleonischen Kriegen steht Schweden auf der Verliererseite und muss Finnland an Russland abtreten.
1810 Der französische Marschall Jean Baptiste Bernadotte wird vom kinderlosen Karl XIII. adoptiert und besteigt 1818 als Karl XIV. Johan den Thron.
1814 Im Frieden von Kiel muss Dänemark Norwegen an Schweden abtreten.
1905 Norwegen scheidet aus der Union mit Schweden aus und wird selbstständig.
1921 Einführung des allg. Wahlrechts
1932 Die Sozialdemokraten übernehmen erstmals die Regierung, bis 1976 gewinnen sie von nun an alle Reichstagswahlen.
1939–1945 Schweden bleibt im Zweiten Weltkrieg neutral und kann durch Zugeständnisse an Hitler-Deutschland die Besetzung verhindern. Nach dem Krieg baut man den Wohlfahrtsstaat auf.
1973 Thronbesteigung Carl XVI. Gustaf
1986 Ministerpräsident Olaf Palme wird ermordet, die Täter werden nie gefunden.
1995 Beitritt zur EU
2003 Ermordung von Schwedens Außenministerin Anna Lindh durch einen Attentäter
2006 Bei den Reichstagswahlen erringt eine bürgerliche Koalition die Mehrheit. Frederik Reinfeldt wird Ministerpräsident. Bei den Wahlen 2010 wird seine Regierung bestätigt.
2010 Kronprinzessin Victoria heiratet am 19. Juni Daniel Westling.
2012 Am 23. Februar Geburt von Kronprinzessin Estelle Silvia Ewa Mary
2013 Unruhen in Stockholms Vorstädten: Jugendliche mit Migrationshintergrund demonstrieren gegen mangelnde Integration.
2014 Sozialdemokraten und Grüne bilden eine Minderheitenregierung.

Notruf

Rettung, Polizei, Feuerwehr: Tel. 112
Pannenhilfe: Tel. 020 91 00 40
Kreditkartenverlust: Tel. 0049 116 116 (für Deutschland)

Reisezeit

Sommer: Die Sommerreisesaison der Schweden erstreckt sich von Mitte Juni (nach Mittsommer) bis Mitte August. In Süd- und Mittelschweden kann man dann zwar keine Mitternachtssonne erleben, trotzdem sind die hellen Nächte, bei denen der Sonnenuntergang fast übergangslos in den Sonnenaufgang übergeht, für Mitteleuropäer ein einmaliges Erlebnis. Während dieser Zeit sind vor allem die Ferienregionen an der westschwedischen Küste und auf Gotland und Öland gut gebucht. Im Vergleich zu den Ferienregionen in Mittel- und Südeuropa hat man trotzdem noch jede Menge Platz.
In den Großstädten Stockholm, Göteborg und Malmö geht es gerade während der Sommerwochen ruhiger zu – wer stressfrei Stadturlaub machen will, ist also von Mitte Juni bis Mitte August dort richtig.
Typisch für Schweden ist das plötzliche Ende der Urlaubssaison am Tag des Schulbeginns. Auf einen Schlag verwandeln sich überfüllte Ferienorte in entspannte Dörfchen am Meer. Für Touristen kann es sich also lohnen, in der Zeit von Anfang Mai bis Mitte Juni ihren Schwedenurlaub zu buchen. Denn meist scheint schon die Sommersonne. Ebenso empfehlenswert ist ein Aufenthalt in der Zeit von Mitte August bis Mitte September – dann ist es auch in den Lieblingsorten der Schweden-Urlauber ruhig und in Südschweden kann man häufig noch perfektes Sommerwetter genießen.

Reisedaten

Flug von Deutschland: Frankfurt/M. – Stockholm ab 100 €
Inlandsverkehr: Zugfahrt Göteborg-Stockholm ca. 45 €
Reisepapiere: Personalausweis oder Reisepass
Devisen: 1 € = ca. 9,20 SEK (Schwedische Kronen)
Mietwagen: ab 60 € pro Tag (unbegrenzte Kilometer)
Benzin/Diesel: meist wie in Deutschland
Hotel: DZ / Frühstück: Luxus ab 200 € Mittelklasse ab 150 €
Ferienhaus: ab ca. 350 € pro Woche (Hauptsaison)
Menü à la carte: 3 Gänge pro Person ab 35 €
Einfaches Essen: ca. 10 €
Ortszeit: MEZ / MESZ

Herbst/Winter: Mitte September bis Mitte/Ende Oktober leuchten die Bäume in allen Rot- und Gelbtönen. Der November ist meist grau und düster – kein guter Reisemonat für Touristen. Der Dezember lebt vor allem von der festlichen Stimmung der Vorweihnachtstage. Oft kann man in Südschweden knackige Winter mit relativ tiefen Temperaturen bei klarem Himmel genießen. Wer zum Skilanglauf nach Südschweden reist, für den sind März und für etwas weiter nördlicher gelegene Regionen auch der April gute Reisemonate. Dann liegt meist noch ausreichend Schnee und die Sonne lässt sich bereits länger sehen.

Sprache

Schwedisch ist eine nordgermanische Sprache, die jahrhundertelang unter dem Einfluss des Deutschen stand. Daher kann man beim geschriebenen Wort so manche Bedeutung erahnen. Auffallend ist der „musikalische Akzent" des Schwedischen – ein für Ausländer ungewohntes Auf und Ab in der Sprachmelodie. Dafür ist die Grammatik relativ einfach. So gibt es beispielsweise mit Ausnahme des Genitiv-s keine Kasusendungen.
Auch wer kein Schwedisch spricht, wird – vorausgesetzt er beherrscht Englisch – keine größeren Verständigungsprobleme haben. Fast jeder Schwede spricht sehr gut Englisch und auch Deutschkenntnisse sind recht weit verbreitet.

Telefon

Die Vorwahl für Schweden ist +46, gefolgt von der Ortsvorwahl ohne 0 und der Teilnehmernummer. Um von Schweden aus in Deutschland anzurufen, wählt man die Ländervorwahl +49, in die Schweiz +41, nach Österreich +43.

Telefonkarten können in Schweden an Kiosken, in Hotels, Geschäften oder bei der schwedischen Telefongesellschaft gekauft werden. In Südschweden ist die Netzabdeckung so gut wie hundertprozentig.

Unterkunft

Hotels: Die Hauptklientel vieler Hotels in schwedischen Städten sind Geschäftsreisende. Paradoxerweise kann man als Tourist genau von diesem Umstand profitieren, denn an Wochenenden und im Sommer während der Urlaubssaison ist das Übernachten besonders günstig.

Preiskategorien

€ € € €	Doppelzimmer	über 200 €
€ € €	Doppelzimmer	140 – 200 €
€ €	Doppelzimmer	90 – 140 €
€	Doppelzimmer	unter 90 €

Camping: Campingplätze findet man in Schweden fast überall: 500 Campingplätze mit 75 000 Stellplätzen und 9000 Ferienhäusern und -hütten gehören dem schwedischen Campingverband (SCR) an. Wer auf einem Campingplatz übernachten will, muss die Campingkarte, den „Camping Key Europe", vorlegen. Diese kann man für 150 SEK unter www.camping.se im Internet bestellen oder vor Ort auf dem Campingplatz kaufen. Mitglieder des ADAC können den Camping Key Europe beim ADAC für 12 € beziehen. Die Karte gilt für zwölf Monate ab Ausstellung und bietet als zusätzlichen Service Ermäßigungen beim Besuch einiger Sehenswürdigkeiten sowie für Fährüberfahrten.

Elchkontakt ohne Gefahr bieten die Gehege.

Was angesichts der kalten Winter überraschen mag: Viele schwedische Campingplätze sind das ganze Jahr über geöffnet. Wohnmobilfahrer und Wohnwagenfreunde können also auch ihren Winterurlaub im Norden verbringen. Campen mit Wohnwagen oder Wohnmobil ist nur am Rande von öffentlichen Straßen erlaubt, sofern man nicht gegen die Verkehrsvorschrift verstößt und nicht den Verkehr behindert. Einige schwedische Kommunen haben inzwischen das wilde Campen und das Abstellen von Wohnmobilen auf Rastplätzen über Nacht verboten. Zu den Besonderheiten beim Campen in Bezug auf das schwedische **Jedermannsrecht** s. Stichwort, S. 118.

Ferienhaus: Viele Touristen erfüllen sich mit dem Urlaub im Ferienhaus ihren speziellen Schwedentraum. Die Angebote sind vielfältig und reichen vom einfachen Haus ohne fließendes Wasser bis zur Luxusvilla mit Whirlpool auf der Veranda. Obwohl man zumindest in der Nebensaison (Mitte Aug.–Mitte Juni) in der Regel vor Ort mithilfe der Touristeninformation eine Unterkunft in einer „stuga" findet, empfiehlt es sich, schon der größeren Auswahl wegen, von zu Hause aus zu buchen. Preislich schneidet man dabei mitunter sogar besser ab.
Anbieter (Auswahl): Novasol (www.novasol.de), Casamundo (www.casamundo.de), www.fewo-direkt.de, www.ferienhaus.se.

Auch viele Touristenämter vermitteln auf ihren Internetseiten Ferienwohnungen und -häuser.
Jugendherbergen: Jung muss man nicht unbedingt sein, um in Schwedens Jugendherbergen zu übernachten. Eine Altersbeschränkung gibt es nämlich nicht. In den 400 Häusern – mehr als die Hälfte davon liegt in Südschweden – ist jeder ein gern gesehener Gast. Wörtlich übersetzt heißen die Herbergen denn auch „Wandererheim." Die Variationsbreite reicht von einfachen Unterkünften bis zu Häusern mit Hotelstandard. Je nach Qualität muss man mit einem Übernachtungspreis von 130–400 SEK pro Person rechnen. Eine Mitgliedschaft im Jugendherbergsverband ist nicht notwendig, wird aber mit Preisnachlässen honoriert. Besonders originell ist es, sich in einem zur Jugendherberge umgebauten Schiff (Stockholm), einem ehemaligen Gefängnis (ebenfalls Stockholm), einer Festung (Varberg) oder unter Wasser (Vesterås) einzuquartieren (s. S. 62/63).
Informationen:
Svenska Turistförening (STF)
Box 17251, 10462 Stockholm
Tel. 08 463 21 00
www.svenskaturistforeningen.se
Urlaub auf dem Bauernhof: Rund 250 Bauernhöfe bieten Übernachtungen für Gäste an. Informationen: Bo på Lantgård Box 865, 30118 Halmstad Tel. 035 12 78 70, www.bopalantgard.org.

Info

Wetterdaten Malmö

	TAGES-TEMP. MAX.	TAGES-TEMP. MIN.	WASSER-TEMP.	TAGE MIT NIEDER-SCHLAG	SONNEN-STUNDEN PRO TAG
Januar	2°	-2°	3°	12	1
Februar	2°	-2°	2°	9	2
März	5°	-1°	3°	10	4
April	10°	3°	5°	9	6
Mai	16°	7°	9°	8	9
Juni	20°	11°	14°	8	9
Juli	21°	13°	16°	9	8
August	21°	13°	16°	8	7
September	17°	10°	14°	9	6
Oktober	13°	7°	12°	10	3
November	7°	3°	8°	11	1
Dezember	4°	0°	5°	11	1

Der Mälarsee gehört zu den schönsten Ecken, um einen ruhigen Schwedenurlaub zu verbringen.

Register

Impressum

2. Auflage 2016
© DuMont Reiseverlag, Ostfildern

Verlag: DuMont Reiseverlag, Postfach 3151, 73751 Ostfildern, Tel. 0711/4502-0,
Fax 0711/4502-135, www.dumontreise.de
Geschäftsführer: Dr. Thomas Brinkmann, Dr. Stephanie Mair-Huydts
Programmleitung: Birgit Borowski
Redaktion: Frank Müller
Text: Rasso Knoller
Exklusiv-Fotografie: Olaf Meinhardt
Titelbild: laif/Frank Heuer (Insel Kaeringoen)
Zusätzliches Bildmaterial: S. 8/9 glowimages/Deposit, S. 18/19 Look/Franz
Marc Frei, S. 20 o. und 21 u. Shutterstock/Netkoff, S. 20 u. l. mauritus images/
John Warburton-Lee, S. 21 o. l. Getty Images/Anders Blomqvist, S. 21 o. r.
mauritius images/United Archives, S. 21 M. Rasso Knoller, S. 30 o. Shutterstock/
Nearbirds, S. 30 u. l. mauritius images/imagebroker/Günter Grüner, S. 30 u. r.
Getty Images/Julia Sjoberg, S. 31 o. mauritius images/Alamy, S. 31 M. mauritius
images/Christian Bäck, S. 31 u. laif/Gollhardt & Wieland, S. 33 r. und 34 u.
DuMont Bildarchiv/Michael Riehle, S. 35 o. Getty Images/Christian Carroll, S. 62
o. Shutterstock/hugolacasse, S. 62 u. Rasso Knoller, S. 63 o. laif/Kontinent/Moa
Karlberg, S. 63 M. Rasso Knoller, S. 63 u. Gruvtroll, S. 66 o. l. Getty Images/Danita
Delimont, S. 66 o. r. DuMont Bildarchiv/Michael Riehle, S. 66 u. Getty Images/
Christer Frederiksson, S. 82 l. mauritius images/imagebroker/Daniel Schoenen,
S. 82 r. u. mauritius images/Alamy, S. 95 r. o. mauritius images/Johnér, S. 96 o.
DuMont Bildarchiv/Michael Riehle, S. 97 o. mauritius images/Haag + Kropp, S. 115
o. Getty Images/Purestock, S. 116 r. o. DuMont Bildarchiv/Michael Riehle
Grafische Konzeption, Art Direktion: fpm factor product münchen
Layout: Cyclus · Visuelle Kommunikation, Stuttgart
Cover Gestaltung: Neue Gestaltung, Berlin
Kartografie: © MAIRDUMONT GmbH & Co. KG, Ostfildern
Kartografie Lawall (Karten für „Unsere Favoriten")
DuMont Bildarchiv: Marco-Polo-Straße 1, 73760 Ostfildern, Tel. 0711/4502-266,
Fax 0711/4502-1006, bildarchiv@mairdumont.com

Für die Richtigkeit der in diesem DuMont Bildatlas angegebenen Daten –
Adressen, Öffnungszeiten, Telefonnummern usw. – kann der Verlag keine
Garantie übernehmen. Nachdruck, auch auszugsweise, nur mit vorheriger
Genehmigung des Verlages. Erscheinungsweise: monatlich.

Anzeigenvermarktung: MAIRDUMONT MEDIA, Tel. 0711/4502-333,
Fax 0711/4502-1012, media@mairdumont.com, http://media.mairdumont.com
Vertrieb Zeitschriftenhandel: PARTNER Medienservices GmbH, Postfach
810420, 70521 Stuttgart, Tel. 0711/7252-212, Fax 0711/7252-320
Vertrieb Abonnement: Leserservice DuMont Bildatlas,
Zenit Pressevertrieb GmbH, Postfach 810640, 70523 Stuttgart,
Tel. 0711/7252-265, Fax 0711/7252-333,
dumontreise@zenit-presse.de
Vertrieb Buchhandel und Einzelhefte: MAIRDUMONT
GmbH & Co KG, Marco-Polo-Straße 1, 73760 Ostfildern,
Tel. 0711/4502-0, Fax 0711/4502-340
Reproduktionen: PPP Pre Print Partner GmbH & Co. KG,
Köln
Druck und buchbinderische Verarbeitung:
NEEF + STUMME premium printing GmbH & Co. KG, Wittingen,
Printed in Germany

Lieferbare Ausgaben

Die Kanaren sind vom Klima begünstigt – beste Voraussetzung für herrliche Strandtage.

Hamburgs Herz pocht an Elbe und Alster.

Hamburg

Deutschlands Tor zur Welt
Der Hafen ist das Aushängeschild der Hansestadt, aber Hamburg hat natürlich noch weit mehr zu bieten, wir präsentieren alle Highlights.

Urbane Visionen
Aus alten Hafenvierteln werden trendige Stadtteile. Erleben Sie das „neue" Hamburg.

Shopping hanseatisch
Hamburger Trend-Labels und Traditionshäuser, hier kaufen Sie zwar nicht günstig, aber gut!

Teneriffa
La Palma · La Gomera · El Hierro

Paradiesische Inseln
Sie wissen noch nicht wohin? Wir stellen Ihnen die Westkanaren ausführlich in Bild und Wort vor.

Exklusiv wohnen
Warum sich nicht mal etwas Besonderes gönnen, die besten Adressen auf Teneriffa und den kleinen Kanareninseln.

Wandern mit Aussicht
Unsere Favoriten – die neun erlebnisreichsten Wanderungen auf den Kanaren.

www.dumontreise.de